當下，把心放下

生活勵志 017

為什麼你的心，
總是不在你在的地方？

排行榜暢銷書作家 **何權峰** 著

高寶國際有限公司
高寶國際集團

生活勵志 017

當下，把心放下

作者 何權峰
編輯 陳家玲
出版者 英屬維京群島商高寶國際有限公司台灣分公司
Global Group Holdings, Ltd.
聯絡地址 台北市內湖區新明路174巷15號10樓
網址 www.sitak.com.tw
E-mail readers@sitak.com.tw（讀者服務部）
pr@sitak.com.tw （公關諮詢部）
電話 (02) 27911197 27918621
電傳 出版部 (02) 27955824 行銷部（02）27955825

郵政劃撥 19394552
戶名 英屬維京群島商高寶國際有限公司台灣分公司
出版日期 2004年7月出版
發行 希代書版集團發行

香港總經銷 全力圖書有限公司
地址 香港新界葵涌打磚坪街58-76號和豐工業中心1樓8室
電話 （852）2494-7282 傳真 （852）2494-7609

Printed in Taiwan
ISBN:986-7799-75-5

你總是看著遠方的星光，
卻遺忘了眼前的燈火；
總是憧憬著未來的美好，
卻忽略了當下的幸福。

自序

當下，把心放下

何振峰

就跟許多成功人士一樣，我每天的工作都是排的滿滿的。我認為生命有限，要活得充實，就要盡可能地不浪費任何時間。

我那忙碌的醫療工作，的確也很完美地配合，每天總有做不完的事。病患的表格還沒寫好，許多電話待回，處理緊急病患的對策還在思考……要用什麼藥、要不要開刀，開刀要考慮什麼？當鑽開頭骨，會不會傷到腦？當牽引器拿出來時，距離三公分外的血壓會有什麼變化？……腦外科手術可不比一般的手術，即使小小的錯誤都可能引致各種嚴重後果，我必須事先想清楚每一個步驟，怎麼進行、每一個狀況會持續多久、怎麼進到下一階段。萬一事情出乎意外怎麼辦？要怎麼避免？如果發生了要怎麼處置？

每個處置必須「當下」就做出判斷，每個表現必須「當下」就完美。在死神等著接手的手術台上，祂才不管你今天的心情好不好，你有沒有吃飽睡飽？你必須全然的投入，這也就是為什麼外科醫師在手術台的時候會忘了口渴、忘了肚子餓、忘記睡眠，甚至忘了身體，以致可以連續手術一、二十個小時都不覺得累，因為我們必須全然地專注於當下。

所以，理所當然的，我自許自己是個活在當下的人。然而，就在二〇〇一年年底我到舊金山開會後，這個認知有了很大的轉變。記得當時，我從機場趕往開會的途中，嚴重的塞車使我困在海灣橋的車陣裡，一種令人發狂的挫折感直向我襲來，這下毀了，我心想：「要是趕不上會議怎麼辦？」我感覺整個胃都糾在一起，心也跟著鬱結起來，就在這時突然有個聲音出現在腦中：「開會遲到，難道就會毀了我一生嗎？」這話如醍醐灌頂，我震驚自己是怎麼了？

望著車裡的後照鏡，我赫然發覺自己就像個陌生人，形色匆匆，卻不知是為何而活。對，我是為生命在努力，但卻忽略了要活出生命；我一直在處理緊急的事，但卻忘記了更重要的事；忽然間，我體悟到自己正錯失什麼，我舒服地坐在車裡，眼前就是一片美景，陽光撒在水面波光粼粼，而我卻視而不見，我人在這裡，心卻不在這裡，我已然錯失了美好的當下。

錯過會議是一回事，錯過這一刻，錯過這一生又是另一回事。我開始反省自己，我到底在急什麼？那麼匆忙又是為了什麼？我每天都活得很用力，卻不曾用心地活；工作或許讓我專注當下，但我的心卻從未放下，即使已經下班、休假、去渡假了，但我的心卻不在它所在的地方，我的當下也從未真正放下。

回想起幾年前那些日子，我就像一隻無頭蒼蠅般地衝來衝去，從未停下腳步來品嘗當下，如果你在午餐後一個小時問我，你中午吃了些什麼，我實在無法回答。我幾乎是一面狼吞虎嚥用餐，一面想著之前做了什麼事，接下來還要做什麼事。

這就是我所謂的成功嗎？難道這就是我要的人生？

感謝我的書本讓我反省，我知道這樣的態度一定要改。在這段時間裡，我很認真的考慮過要換種不同的生活方式，我想過要換個職場，或是只要教教書，或者退休下來寫寫書就好。想改變的動機並不只是一個單一的事件，而是幾經風雨後的領悟。

放下如果是可能的，那一定是在當下，不在過去，也不在未來。當下即是解脫的時刻，關鍵就在你願不願意放下而已。

當下，把心放下，這書是寫給你看，其實也是寫給我自己看的。寫到這裡，我望向窗外，一個天剛破曉，微風徐徐吹來的夏日清晨，我很同情的問自己：「那麼美好的一個清晨，你還耗在這房子裡做什麼？」

放下吧，就現在！

目　錄

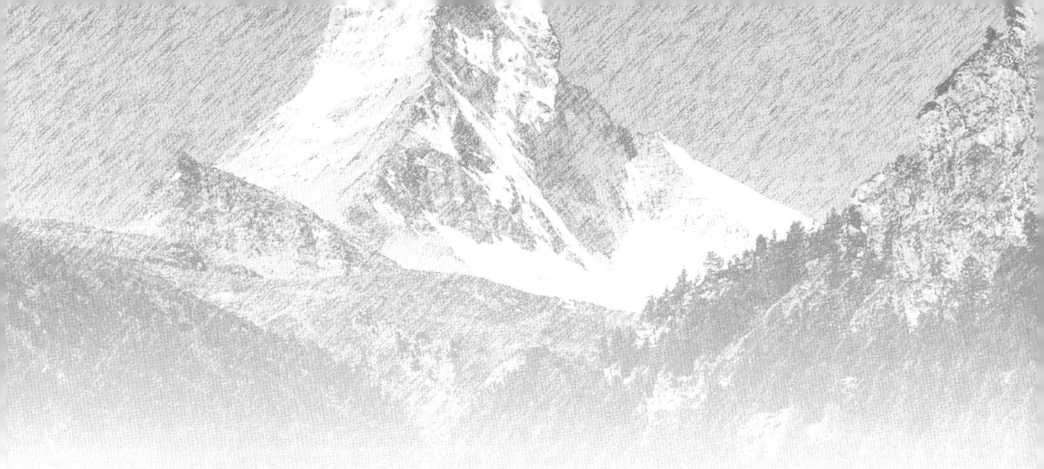

chapter 1

你人在哪裡？

當你上課的時候，你就想著下課後的事，
到了下課的時候，你又想著上課的事；
當你上班的時候，你就想著下班後要做什麼事，
到了下班之後，你又想著上班的事……
人們似乎從來都不在自己所在的地方。

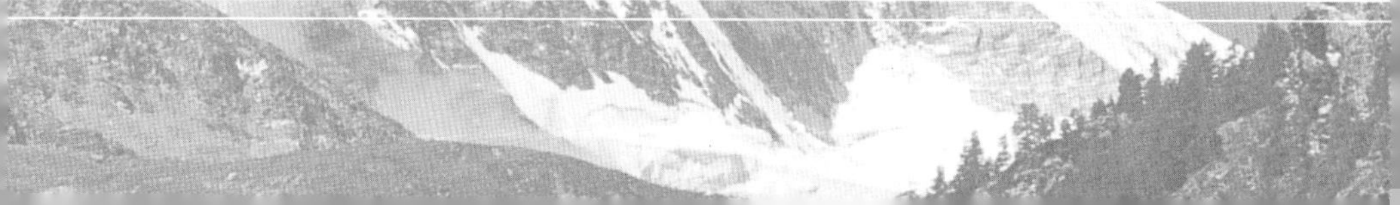

你人在哪裡？

當下放下。唯有活在當下，你的問題才能放下。

幾天前有一個公司的女性主管，因焦慮的問題跑來找我，她覺得非常地困擾：

「工作時，我心裡總是掛念著家裡的事；在家時，我又懸念著還沒完成的工作……這該怎麼辦？」

另外有一個學生也是同樣的問題，眼看就要考試了，但他卻心神不寧，他問我：「我非常焦慮，而我的難題就是：我認識一個女孩子，當我跟那個女孩子在一起，我就想到我的考試，當我讀書的時候，我又想到我的女朋友，我該怎麼辦？」

這種情形其實到處都可以見到。當你上課的時候，你就想著下課後的事，到了下課的時候，你又想著上課的事；當你上班的時候，你就想著下班後要做什麼事，到了下班之後，你又想著上班的事……人們似乎從來都不在自己所在的地方。

你有沒有注意過自己，當你和人見面，與人聊天的時候，你的心都在那個人身上嗎？還是在想別的事？當你到外面渡假，你的人坐在車上，坐在飛機上，坐在你渡假的地方，但你的心真的在那裡嗎？你上班、上課的時候，你的心真的在那裡嗎？還是跑到別的地方去了？

你會分心，那是因為你並沒有全然的處於你所在的地方，你是分裂的，你的人和你的心走向不同的方向，所以才會心神不寧，才會焦慮不安。

當你在家裡的時候，你只能夠在家裡，你不能夠到課堂上，也無法回到辦公室；當你約會看電影的時候，你不能夠同時讀書，也不能夠準備考試，這是很簡單的道理，但你卻一直想著你不能夠的事，你的問題就是這麼來的，明白嗎？

你一直都不在當下。當你全然的處在當下，你將會得到全然的放鬆，你會很喜樂；你之所以覺得焦慮不安，那一定是你沒有全然的處在你所在的地方。

要解決這難題唯一的辦法，就是當下放下。是的，唯有把心放下，你的問題才能放下。

chapter 2

爲什麼怕死？

當你說害怕死亡時，其實你真正害怕的是，
你還未真正活過，你錯過了生命，
所以你才會怕死。

為什麼怕死？

錯過，就是你的人在那裡，心卻不在那裡。

「我為什麼那麼怕死？」朋友問。

當你說害怕死亡時，其實你真正害怕的是，你還未真正活過，你錯過了生命，

所以你才會怕死。

錯過生命？

是的，如果你真正活過，你將了無遺憾的走。這很簡單的道理——如果你能好好的吃，你將感到豐足；如果你能好好的喝，你將不再口渴；如果你能好好的活，你就不會害怕死亡。

錯過，就是你的人在那裡，心卻不在那裡。比方，你把工作上的問題帶回家，因而無法好好享受家庭生活；然後又把家裡的問題帶到工作上，無法全然投入工作，你的喜樂就是這樣錯過，你的生命就是這麼錯過的。

早上你趕著上班上課，人坐在車上或走在路上，心裡卻盤算著待會要做什麼；你急著下班下課，狼吞虎嚥的用完餐，只為了接下來還要做什麼；然後你又匆匆忙忙上床睡覺，只為了明天別來不及做什麼。你不斷的趕、趕、趕，害怕錯失掉什麼，但你一直沒有活在當下，因而你一再錯過。

你錯過了愉快的清晨，錯過了窗外的美景，錯過了美味的佳餚，也錯過了溫馨的夜晚。當然，更錯過了人生的樂趣。你每天都很賣力的去過，卻從未真正去過好每一天。

你曾想過你的生命嗎？這幾年來你是怎麼過日子的？每天朝九晚五、日出夜歸，就是為了賺更多的錢，得到更高的職位，汲汲營營世俗眼中的成功，追求外在誘人的物質享受，然後呢？然後你還是空虛，還是不快樂，不開心。

很多人在臨死前，常會對自己一生感到莫大的追悔，覺得白活了，如果能重新開始，他一定過「完全不一樣」的生活。然而現在一切都太遲了，死神正在敲門，時間所剩無幾，他才赫然驚覺自己錯過了，才覺得自己從沒有好好活過。

這是多麼悲哀啊！多數人死的時候都不是走得心甘情願，他們並不想死，因為他們錯過了，錯過了體驗、錯過了欣賞、錯過了歡樂、錯過了所有……生命怎麼就這樣結束，當然不甘心，當然會怕得……要死。

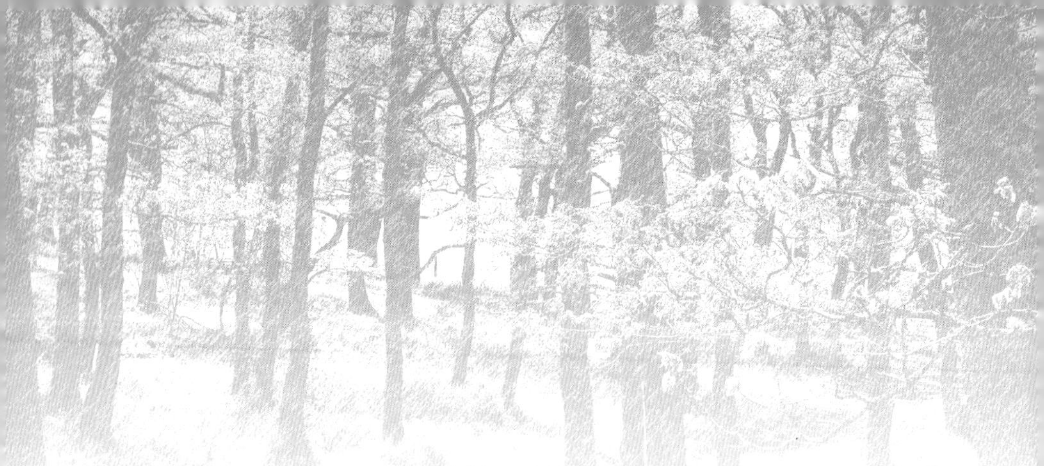

chapter 3

坐這裡，想那裡

你的人生樂趣就是這麼錯失的，你注意過這個問題嗎？
問題不是出在你到哪裡，重點不在你去巴黎或是巴峇島，
問題在你的心……為什麼你的心總是不在你在的地方？

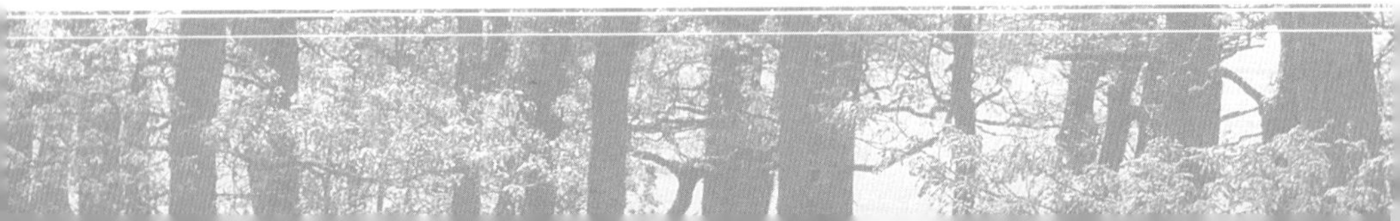

坐這裡，想那裡

為什麼你的心總是不在你在的地方？

有一個企業家，因壓力過大快承受不住，所以有人建議他應該出去走走，「出國旅遊會讓你減輕壓力。」

因此他開始出國旅遊。

「但，為什麼我壓力卻有增無減呢？」他不解的問。

「因為你並沒有放下，」我說：「你人雖離開了，心卻沒有離開，你還扛著整個辦公室，壓力當然有增無減。」

本來事業對他已是一個負擔，現在加上出國旅遊變成第二個負擔，他的壓力當然有增無減。

曾看過一則廣告，提醒大家旅行包裹別忘了帶護照、機票、換洗衣物、相機，甚至筆記本，但最重要的是，請一定要「忘了帶」過去的心情、想法和習慣。要空空的出走，滿滿地、新新地回來。

想一想，當你出國旅遊，飛機已飛到九霄雲外，在離地三萬英哩處飛行，而你，人雖在天空，但心卻仍在地面；人已經不在辦公室，但你的心卻抓著工作，扛著一堆待辦的公事；這樣的旅行是不是太沉重了？

人們出去旅遊、渡假，去參加某個活動、聚會，當他們在家裡，在辦公室的時候，他們一想到那裡就感到興奮，為了要去那裡，他們已經計劃了好長一段時間。而當他們真的到了那裡，他們又開始想著家裡，想著辦公室，想一些有的沒有的，他們人雖然在那裡，但心卻飛到五百里外。

你想過嗎？之前你還花了那麼長的時間，想著到那裡要怎麼放輕鬆，要怎麼享受的，而當你到那裡，或甚至你到達之前，你還在路上，你的心就已經開始往回走了。你開始想家，想孩子、父母、工作，想這個，想那個……這哪叫享受？哪算是旅遊？怪不得許多人在休假或渡假之後，非但沒有放鬆心情，有的人甚至覺得更累。

你的人生樂趣就是這麼錯失的，你注意過這個問題嗎？

問題不是出在你到哪裡，重點不在你去巴黎或是巴峇島，問題在你的心……

為什麼你的心總是不在你在的地方？

把心放下吧！當你人在那裡就別再掛著這裡，否則你怎麼可能真正的放鬆心情呢？快樂是來自心裡，你到了哪裡就該把心全然的投入那裡，這樣才可能快樂，不是嗎？

chapter 4

小事也可以變偉大

快樂就在當下，學習活在當下，小事也可以變偉大；
懂得活在當下，
那不管你身在何處，做任何事，你都將是快快樂樂。

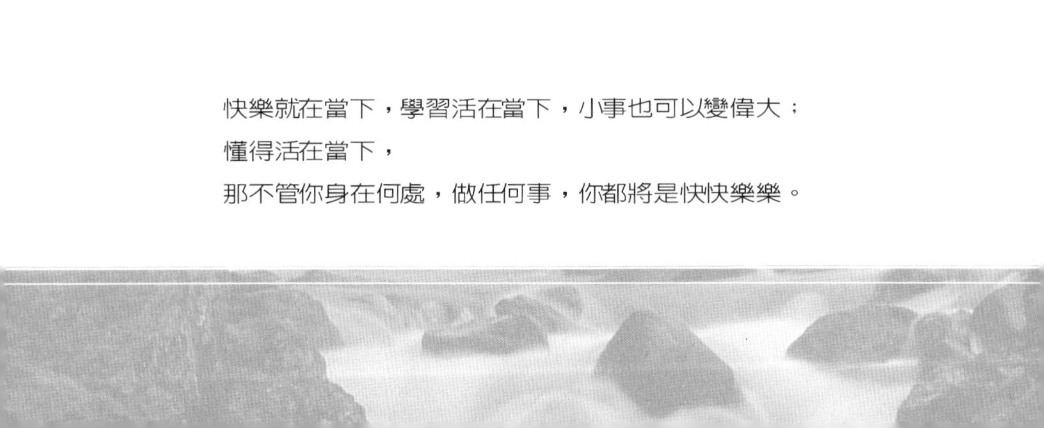

小事也可以變偉大

當你將偉大的品質帶進每一件小事裡，你就是偉大的。

常聽人家說要「活在當下」。到底什麼叫做「當下」？

當下（real moment）指的就是：你現在正在做的事、待的地方和周圍跟你一起的人；「活在當下」就是要把注意的焦點集中在這些人、事、物上面。

你說：「這有什麼難的，我們不是一直都這樣嗎？」

不，我們哪是這樣。在禪宗公案中有這麼一段對話：

有一個施主問一位禪師：「修行人平常是如何生活的？」

禪師很平淡的答說：「也沒什麼，只不過吃飯睡覺而已。」

這位施主非常驚訝禪師竟然會這樣回答，所以就不以為然的反駁道：「一般俗人每天也是吃飯睡覺而已，那修行跟俗人有什麼差別？」

禪師莞爾一笑，搖搖頭說：「不然！修行人吃飯的時候就是吃飯；睡覺的時候就是睡覺。而一般人該吃飯的時候，不好好吃飯，心裡卻想東想西；該睡覺的時候，不好好睡覺，總是百般的煩惱。」

禪宗裡有很多公案，每有山僧問佛法大意，趙州和尚總是說「喫茶去」。大師一說即落言詮，佛法只在平日喝茶吃飯而已。

行為本身並不是問題所在，你帶給那個行為的品質才是問題所在。如果你帶著靜心的品質吃東西，吃也可以是一種修行；如果你帶著靜心的品質走路，走路也可以是一種修行；如果你能專注的活在當下，你的生命將呈現最高的品質，你即是在修行。

不要認為這些都只是小事，人或許有偉大的人和渺小的人，但事情本身並沒有什麼偉大或渺小。一個真正偉大的人就是一個把他的偉大帶到每一件他所做的小事裡的人。

印度聖雄甘地說過，不管我們必須從事的工作有多不重要，只要能夠像處理重大事情那樣的重視這些小事，我們必定大有斬獲。

我們的生命就是由這些小事所組成的，如果你能將偉大的品質帶進每一件小事裡，你就是偉大的；如果你能高高興興的享受當下，能夠在這些你所謂的小事上面覺得喜樂，那你的人生必然是喜樂的。

快樂就在當下，學習活在當下，小事也可以變偉大；懂得活在當下，那不管你身在何處，做任何事，你都將是快快樂樂。

chapter 5

生命中最重要的事

我現在正在做的事，就是我一生中最重大的事，

不管是在指揮一個交響樂團，或是在剝一顆橘子。

生命中最重要的事

你現在正在做的事，就是你生命中最重要的事。

托斯卡尼尼（Arturo Toscanini）是舉世聞名的指揮家。人生的閱歷豐富，他到過很多地方，指揮過無數的樂團，也見過無數的達官顯要。

當他八十歲時，他兒子有一天好奇的問他：「在您一生中，一定有過很多重大的事，您覺得您做過最重要的事是什麼？」

托斯卡尼尼回答說：「我現在正在做的事，就是我一生中最重大的事，不管是在指揮一個交響樂團，或是在剝一顆橘子。」

他說得對，如果你無法快樂的剝橘子，如果你只想儘快的剝來吃的話，你還是無法快樂的吃橘子。當你一邊吃著橘子，你還是會一邊想著下一刻要做什麼，對橘子的味道無法細細的品嚐，也失去吃的樂趣。如果你不能專注在此刻，那你任何時刻都不可能專注，你將永遠被下一件事拖著走。

在當總醫師時，我有一個室友，有時他才剛開始刷牙，一會兒又離開浴室去挑上班要穿的衣服，而嘴裡還滿是泡沫，接著，他又忙著整理桌上的資料，還一邊說今天有哪些事要辦。不消說，他的日子總是過得匆忙無趣。

在醫學院教書，我發現有幾個學生上課都不看我，因為他們一直忙著抄筆記。

他們很努力、很認真的寫，但我從不認為他們是「好學生」，因為他們對考試的興趣遠超過對學習的樂趣；他們或許能從筆記中得到考試時所需要的知識，但知識並不是知道，要知道就必須專注當下，否則片片斷斷抄下來，知道的也只是片片斷斷，他們無法全然的瞭解。當他們把我的話寫下來，我已經又講了其他的東西，他們將一再錯過。

你必須全心全意地融入，盡你所能的投入，彷彿此時此地世上唯有此人、唯有此事……然後才會有真正的瞭解產生，這才是真知。這必須變成你的人生態度，變成你的生活方式，無論你是在上課、吃飯、聊天、跳舞、畫畫……。

有人問梵谷：「你的畫裡面哪一張最好？」

他說：「就是我現在畫的這一張。」

幾天之後，那個人再問。梵谷說：「我已經告訴過你，就是我現在正在畫的這一張！」

雖然他正在畫的是另一張，但對他而言，對一個活在當下的人來說，毫無疑問「我現在正在畫的這一張就是最好的。」

是的，你現在正在做的事，就是你生命中最重要的事……即使是在剝一顆橘子。

chapter 6

把每一次當第一次

永遠都把每一次當作第一次，

很好奇、很雀躍、很興奮，

然後它將會一再給以顯露不同的境界。

把每一次當第一次

在第一次見到他之後，你就再也沒有看見他。

有位弟子好奇的問靈修大師：「為什麼您每天早上散步時，都會停下來很仔細地看花園中的花？」

靈修大師說：「如果我仔細地看，就會看到一朵朵玫瑰綻放著。」

「但是為什麼您非要那麼仔細的看，才能看見呢？」弟子不解地問道。

「以免我所看到的，不是玫瑰花，而只是腦子裡存在的印象而已。」靈修大師回答。

打從第一次看見玫瑰花之後，我們就再也沒有看見玫瑰花了，真的，仔細的覺察起來，我們確實在第一次看到玫瑰花之後，就再也沒有看見玫瑰花；在第一次聽過鳥叫之後，就再也沒有聽到鳥叫；在第一次見到某人之後，就再也沒有看見那個人……我們所經驗、所看到的，就像靈修大師說的，只是腦子裡存在的印象而已。

你認為你每天看到你的先生、老婆、孩子、朋友、同事、同學……，你是真的看見他們嗎？不，其實在第一次見到他之後，你就再也沒有看見他們了。

當你認識一個人，他做了某件事，你覺得很好或不好；他說過某些話，你覺得高興或不高興，然後你就對他產生一種特定的印象，並把這個印象留在腦海裡。之後，當你再見到這個人時，你就會對他抱持著先前的看法，對過去的印象起反應，而看不到「現在的他」。

只要去注意一下自己或身旁的人，你就會發現我們都是這樣——依憑著過去的印象對某人、某事下結論。因為他對你有特定的印象，你對他也是如此，所以你們自然無法看見真正的對方，這即是人與人之間難以溝通的原因，也是人們疏離、猜忌和紛爭的原因。因為打從第一次見面之後，你們就再也沒有看見對方。

在每一本書出版以前，出版社都會交由不同的人，分別做三次以上的校對，為什麼？因為每個人在讀過第一次之後，再看到的很可能都只是腦子裡存在的印象。

當你讀一本書，讀過一次，那本書就結束了，讀第二次、讀第三次或更多次，充其量也只是強化先前存在的印象而已。

有些宗教的經典必須一再的誦讀，讀一千次、一萬次，信徒們幾乎把一生都用來讀同一本書。那些內容他們已經都知道了，為什麼還要不斷的反覆背誦呢？因為問題並不在書本的內容，一再的閱讀只是為了將他們的意識融入書裡，他們已經不是在閱讀一本書，而是將自己蛻變成那本書。

你有喜歡的書嗎？試試看，每天就讀這本書。在讀的時候，不要將過去的印象帶進來，要再度新鮮地品嚐，就好像剛採下的水果，咬第一口的滋味；就好像太陽早上剛剛升起，它再度是新鮮的……永遠都把每一次當作第一次，很好奇、很雀躍、很興奮，然後它將會一再給以顯露不同的境界。

chapter 7

他就是那副德行

我們幾乎很少能用「當下」的眼光來看待一個人或一件事，
因為只要一件新的事件發生，舊記憶馬上參與意見，
我們所有的反應都免不了融入個人「過去的」經驗色彩。

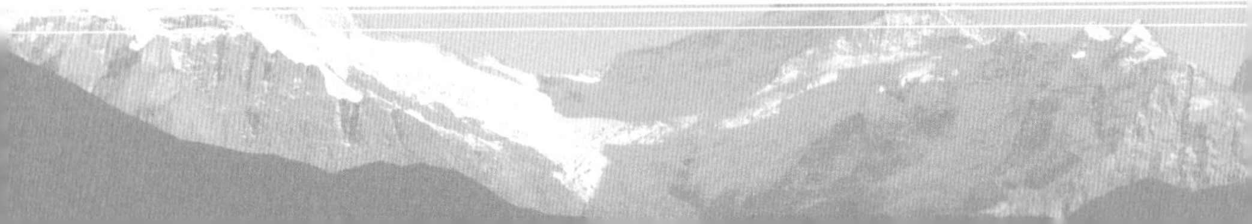

他就是那副德行

即使你只踏進一條河一次，它也不是相同的——因爲河總是流動。

你是否給過自己一個機會，不做任何評論，或是不帶任何成見去看一個人或一件事？就只是接受他現在的樣子，以中立的角度來看事情。

我想這是很難的。我們幾乎很少能用「當下」的眼光來看待一個人或一件事，因為只要一件新的事件發生，舊記憶馬上參與意見，我們所有的反應都免不了融入個人「過去的」經驗色彩。

因為對於評論來說，過去是必要的。我們不可能不憑藉過去的經驗就能評斷什麼是對或錯、美或醜、好或壞……

當你說，這個人是好人。你怎麼知道他是好人？因為你看過很多人，聽過很多人說，在上課時老師講過，在電視、在書裡面曾看過，小時候父母也曾提過，於是你依憑著過去的瞭解和經驗來作判斷。

就像小孩看電視，總是急著分清楚，誰是好人、誰是壞人，我們也常急著判斷是非善惡，問別人：「他這個人怎麼樣？」而一旦當你把某人貼上標籤以後，你就無法真正的看到他，你只是把你的概念投射上去。

想想看，你是否曾有過某個朋友，在你們初次見面時你並不喜歡？當時，你是否做了一個極快的判斷，認為他這個人怎麼樣怎麼樣？而今呢？如果你們現在已經成為好友，甚至成了伴侶，再回頭看看自己當時的想法，是不是覺得可笑？

人經常在變，心情好時是一個樣子，心情不好又是另一個樣子；得意時是一個樣，失意時又另一個樣，即使在一天當中也可能變好幾個樣，可能由哭臉變笑臉，也可能由神采飛揚變一副倒楣樣。所以我們不該說：「他就是那副德行。」而要說：「上次見面時他是那個樣子。」因為現在的他可能完全不同，不是嗎？

常聽到一些家庭或夫婦失和的人說：「他不說我也知道。」、「我早就知道他會……」、「我對他早就看透」……。你已然事先有了結論，你只不過是尋找更多的證據來支援你的論點，像這樣，你們又如何能瞭解彼此呢？你們都早有成見，要如何溝通呢？

希臘哲學家希拉克里特斯（Heraclitus）如是說：「即使你只踏進一條河一次，它也不是相同的——因為河總是流動。」

是的，「涉足而入，已非前水」。當你每一次進入河流，正如每一次評論某人時，河水早已不是原本的河水，那個人也許不一樣了，他早已不是原本的他。

當你說「我認識他」，你所認識的是昨天以前的他，而不是今天真正的他。你所認識的只是過去對他的印象而已。

當下放下吧！放下評論，放下你對這個人所有的「認識」，這樣你才可能看到真正的他。沒有人知道另一個人的靈魂中發生過或正在發生什麼事，你是否應該給別人或給自己一個機會，重新認識彼此呢？

chapter 8

我們根本無法溝通！

「他根本沒在聽我說話！」

「他根本就不瞭解我！」

「我們根本無法溝通！」

真的，我們幾乎很少去聽對方究竟在說什麼。

我們根本無法溝通！

傾聽意味，你必須在當下，在此時此地，你必須忘掉你自己。

人們之間的許多衝突，多半是因誤解所造成，常見的情況是：你說了一些話，但是對方卻把它解讀成另一個意思；或是對方說了一些事，而你卻把它想成另一回事。

你的腦袋一直在裡面喋喋不休，你在聽人講話，他甚至都還沒開始講話，你的頭腦就已經開始在對話了，頭腦不斷地在發出噪音，不斷地編織多餘的念頭來干擾你，這要怎麼傾聽？你的念頭一直在移動，在這裡，卻想著那裡；想東想西，想一千零一件其他的事……

當你在聽他說話，你的腦子其實是在想別的事，就算沒想別的事，你的腦子也是不斷的吱吱喳喳，你會用你的經驗、判斷、觀念、信仰以及對他的成見來聽話，你習慣把別人的話都加以解釋，又自認為自己已經「瞭解」，這就是為什麼你們會有那麼多的誤解。

你一定聽過這樣的抱怨：「他根本沒在聽我說話！」、「他根本就不瞭解我！」、「我們根本無法溝通！」這是真的，我們幾乎很少去聽對方究竟在說什麼。

注意聽兩個人在談論任何事情，他們其實都在各吹各的調，他們根本就沒有傾聽。只要聽一個太太和一個先生在講話，即使談的是瑣碎小事，也很容易看出這種競爭。他們根本不是在聽話，而是在放話。夫妻間彼此都在較勁，一個像吃了仙人掌似的，話中句句帶刺；另一個又急著插話。當有人閉上嘴巴時，並不是為了傾聽，而是在準備下一次的反擊。怪不得人們在溝通之後，往往溝越挖越深。

你可曾注意到這種情形？當別人正對著你說話，你是如此的忙碌，忙著準備接下來你要說什麼，忙著評論他說的對或錯，或是忙著想別的事……直到你開口講話，你會從別人的談話裡抓幾句話，依附在你想說的話上面，然後再繼續講。像這樣，能談出什麼？

光說不聽、聽了卻不瞭解，就好像把一節電線截成兩段，然後插入插頭，還指望它會發亮一樣。這可能嗎？

你必須學會傾聽，傾聽意味，你必須在當下，在此時此地，你必須忘掉你自己，唯有如此，你才能夠傾聽。你必須不帶任何的思想，內在不發出任何的噪音，全然的投入，深深地吸取那些話語，彷彿這是你們最後一次談話，彷彿全世界只剩下你們兩人，在那個當中，在那個當下，才有可能真正的瞭解。

chapter 9

別再去比較了

那邊的景色更美，只要這麼一比，

突然這裡的美就顯得微不足道，這就是比較。

當你去比較，你就喪失了美感，也無法欣賞當下。

別再去比較了

山外青山樓外樓，比來比去何日休？

跟朋友到北海岸兜風，夕陽西下，海面上泛起亮麗金光，「真是美極了！」朋友的妻子說：「從沒看過這麼美的日落。」

朋友瞄了一眼，繼續開著車子，不以為然的回道：「這有什麼，你沒有看過關山的日落，要比這美多了。」話一出口整個夕陽頓時暗淡下來。

那邊的景色更美，只要這麼一比，突然這裡的美就顯得微不足道，這就是比較。當你去比較，你就喪失了美感，也無法欣賞當下。

你說：「這個地方很美，不過還有一個地方比這裡更美。」你就不可能欣賞眼前的美麗，當你拿這裡跟你以前看過的地方相比，你的人其實已經不在「這裡」了，不是嗎？

當你說：「他的房子比我的大、比我的美。」你對自己的房子就無法欣賞和滿足，只要去比較，去跟更好、更多、更美、更大的比，你就注定很難快樂起來。

如果你買了一棟房子，你覺得這棟房子物廉價美，你非常滿意，但才幾天前，你的朋友買到另一棟更大更便宜的房子，於是你開始比較，從地段、房子外觀、大小、價錢，他無疑比你買到更好，更有價值的房子，因而你所有的喜悅突然都消失。

你住在同一棟房子裡，而你之前是那麼的滿意，但現在你怎麼會變得悵然若失，為什麼？是房子的關係嗎？不，因為你仍然是住在同一棟房子啊！那是為什麼？沒錯，是因為你去比較，是比較讓你錯失了原本的快樂。

如果你不去比較，你是那麼的高興，你是那麼的享受，根本就沒有問題。別人的房子比較大，那又怎麼樣！就讓他大吧！他買的價錢比較便宜，那又怎麼樣！算他好運！但是，如果你是因為別人比你幸運而覺得不幸，那你將永遠都不可能快樂，因為這世上永遠都會有人遇到比你更好的事。

有道是：山外青山樓外樓，比來比去何日休？

別人家的草總是比較綠，但那是因為人家施了比較多的肥料，這有什麼好吃味的呢？至少你家沒有熏人的肥料味，不是嗎？

今天起，請別再去比較了，好嗎？當你拿自己跟別人，拿這裡跟那裡，或是拿現在跟過去比較，你就無法欣賞到當下所擁有的。

唯有當下是真實的，唯有此時此地才是真的，那些累積在你記憶裡的日落、美景都不是真實的，那些你所夢想的房子、車子、孩子、妻子、銀子……也是虛幻的，只有「當下」你眼前的才是真的。

把自己全然的融入你眼前，這個人、這件事，這個地方。去享受、去欣賞，去參與，這就對了！有什麼好比的。

chapter 10

我只看見箭靶

我們看，但並沒有真正「看見」；我們聽，但並沒有真正「聽到」；
我們吃，但並沒有真正「嚐到」；我們活，但並沒有真正「活過」；
我們去了很多地方，但都只是「經過」，卻沒有真正「到過」；
我們只看到樹木、樹枝和樹上的小鳥……卻錯過了箭靶。

我只看見箭靶

我們到處尋找，卻沒有找到，因爲我們一直忘了把自己帶去。

「要如何成為全然？」你問。

完全的投入，什麼都不想，就只是在那裡，在那個當下，就是全然。

當你造訪一朵花，不要急著離開，你要真正的貼近她，忘掉全世界所有其他的花，在那個片刻，其他的花都不存在，只有你和那朵花在一起，當你深深地處在那個當下時，你就是那朵花，那朵花也變成了你，當你全然的融入，你的人、你的心都在那裡，你們變成了一體，這就是全然。

當你聽人說話，不要急著詮釋，你要真正的傾聽，在那個片刻你是不存在的，沒有任何思考進入，你的人是敞開的，你的心是完全接受的，像大海般的接受，這就是全然。

全然的凝視，全然的傾聽，全然的感受……看著日落，看得非常深，以致於你消失在那個看當中；聽鳥叫聲，完全忘了自己，以致於你變成了那隻鳥；沐浴在微風中，用全身去感覺，讓你的每一個細胞、每一根纖維都隨著脈動，都隨著它們輕柔的舞動起來，這就是全然。

全然就是忘了自己，忘了舞者，完全忘了「你」在跳舞，讓自己成為那支舞；

忘了旅者，完全忘了「你」在旅行，讓自己成為那個風景；忘了一切，完全忘了有關「你」的一切，讓自己完全的融入當下，融入當下你正在做的事、你正在相處的人，以及你所在的地方。

我聽說有一個著名的射箭師父，許多人都拜他為師。有一天他把箭靶掛在樹上，然後問每一個徒弟：「你們看到什麼？」

有人說：「我看到了樹木、樹枝和樹上的小鳥。」有人說：「我看到了樹木、天空和上升的太陽。」師父繼續問。

然後他問到了他的大徒弟同樣的問題：「你看到了什麼？」

大徒弟說：「我什麼都沒看到，我只看見箭靶。」

師父說：「只有你能夠成為偉大的弓箭師。」這就是全然。

我們看，但並沒有真正「看見」；
我們聽，但並沒有真正「聽到」；
我們吃，但並沒有真正「嚐到」；
我們活，但並沒有真正「活過」；
我們去了很多地方，但都只是「經過」，卻沒有真正「到過」；我們只看到樹木、樹枝和樹上的小鳥……卻錯過了箭靶。
我們到處去尋找美、尋找快樂、尋找幸福，卻沒有找到，因為我們一直都忘了把自己帶去。

chapter 11

想變成什麼

要得到快樂和滿足，並不需要追求什麼，而是要放棄那個追求。

如果你的欲望讓你受苦，

你要做的，應該是放下欲望而不是設法滿足它們，不是嗎？

想變成什麼

我們很少想到自己所有的，卻常常看到自己沒有的。

人們老是帶著要達成這個，要完成那個，要成為這個，要變成那個的欲望在過生活，因而他們總是焦慮緊張，匆忙且無法安於當下。

因為那個你想「達成」的期待，你想成為的理想總是在未來，它們並不在現在，因此你無法活在此時此刻；因為你跟你的理想和期待還有一段距離，因此你無法放鬆，無法休息，你總是焦慮緊張，總是匆忙的追趕。

你一生不斷在追求，你沒有錢，就想要有錢，有了錢就想得到更多的錢；如果你是員工，你就想當老闆；如果你是老師，你就想當校長；如果你是職員，你就想當經理；如果你是經理，你就想當總經理……。你想在業績上、成績上或存款簿的數字上向上爬，你的焦慮緊張就是這麼來的，你總是不滿現狀，總是「想變成什麼」。

緊張意味著你並不是你現在的樣子。「你現在的樣子」和「你想成為的樣子」之間的距離越大，你的緊張就越大，你也就越容易焦慮；距離越小，你就越放鬆，越放鬆也就越自在。如果你和你所想的根本沒有距離，你將安然自在，無牽無掛；如果你並沒有渴望達成或成為你現在所不是的，那你又怎麼會緊張焦慮呢？

我們很少想到自己所有的，卻常常看到自己沒有的，那個沒有的就成了理想。你的理想就是這樣被創造出來的，因為有理想，所以你必須不斷追趕；因為有理想，所以你對現在總是不滿；因為有理想，所以你把現在過得很不理想，你一直無法放鬆下來，你在睡夢中翻來翻去，即使在假日，你都無法好好休息。

為什麼要創造那些理想？為什麼你無法滿足你現在擁有的一切？其實你已經擁有不少了，但你的心卻不在已擁有的東西上，你一直在找尋那些沒有的。結果，你越去想自己欠缺的，就越發沮喪，而越沮喪就越會去想欠缺的——於是你變得不滿，總覺得不足，這是沒有盡頭的。

要得到快樂和滿足，並不需要追求什麼，而是要放棄那個追求。如果你的欲望讓你受苦，你要做的，應該是放下欲望而不是設法滿足它們，不是嗎？

理想和期待都來自欲望。一個無欲的人，是不會有任何緊張焦慮的。欲望意味著你想達成或成為另一種東西；無欲是接受，接受一切，接受你的工作、職位、名次、外表、收入；接受你的遭遇，接受你現在的樣子。一旦接受，那個緊張也跟著放下；那個未來已經不存在，你也才能安於當下。

chapter 12

快樂就是這麼簡單

試著不必有任何理由而快樂，你將會感到驚訝！

你可以根本沒有任何理由地快樂——

只要你決定要快樂，就可以快樂起來，就是這麼簡單。

快樂就是這麼簡單

就以你這樣，現在你就可以快樂起來。

快樂是無條件的，如果你的快樂需要任何理由或原因，那你注定是不快樂的。

你說：「唯有賺到一千萬，我才快樂。」、「除非我通過考試，我才快樂。」那麼在你賺到一千萬，或是在你通過考試以前，你就不可能快樂，對嗎？

你為快樂定出了條件，這即是你一直不快樂的原因。因為在達到那些條件之前，你必須做許多準備，你需要一些時間，一年、兩年或更久，在這段時間裡，你要怎麼快樂？你現在一定是不快樂的，對嗎？因為那個快樂是在未來。

你總是看著遠方的星光，卻遺忘了眼前的燈火；總是憧憬著未來的美好，卻忽略了當下的幸福。

事實上，你現在就可以快樂，你有一份工作，有自己的房子，你現在就可以快樂，但你卻定一個條件說，你要升到某個職位，你要買一棟更大的房子，你才快樂；你擁有人生伴侶、孩子，你現在就可以快樂，但你卻有一個條件說，他們必須變成怎樣怎樣你才快樂，這就是你不快樂的原因。

為什麼要將那些條件帶進來？

有一個弟子看到師父每天快快樂樂，好奇的問：「你為什麼總是快樂，有什麼值得快樂的？」

師父聽了，反問他：「你不快樂嗎？你有什麼不值得快樂的呢？」

問得好，你有什麼不值得快樂的呢？

你見過小孩毫無理由地歡笑、雀躍、跳舞嗎？他們是那麼的快樂，因為他們一無所求。如果你問他：「你為什麼這麼快樂？」他會懷疑你是不是有問題：快樂需要理由嗎？

快樂不需要任何理由或原因，因為快樂並不依賴任何東西，它只是一種態度；快樂不需要更多的錢或更大的房子，需要的只是時間與心境。這個世界有太多住在大房子、財產成千上億，或擁有高學歷、高地位卻成天悶悶不樂的人，不是嗎？

所以，無論你賺了多少錢，又實現了多少夢想，除非你自己決定要快樂，否則是很難快樂起來的。

試著不必有任何理由而快樂，你將會感到驚訝！你可以根本沒有任何理由地快樂——只要你決定要快樂，就可以快樂起來，就是這麼簡單。

是的，就以你這樣，現在你就可以快樂起來。

chapter 13

你還在等什麼？

等待、等待……人們似乎一生都在等待，
有人等待金錢，有人等待文憑，有人在等成家立業，
有人在等愛人回心轉意，有人等待死後的天堂……
但是，卻很少人去想過自己為什麼要一再的等待。

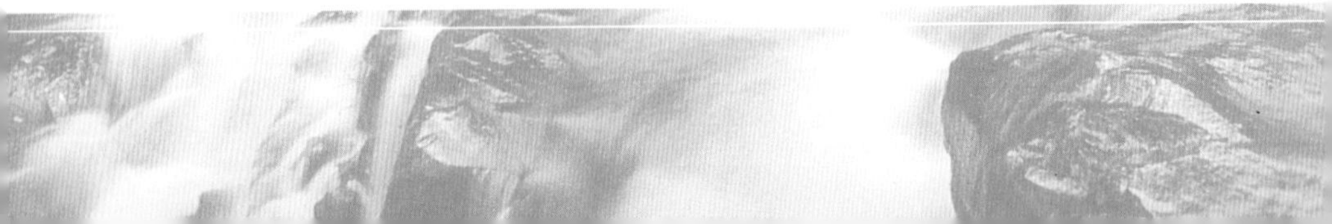

你還在等什麼？

等待幸福的人，過得往往都不幸福。

你總是說：等到你如何如何以後，你就可以如何如何……你的幸福，總是一等再等。

小時候，父母會告訴你：「等你長大以後，你就可以……」而當你長大了一點，他們會說：「還不是現在，要等你考上大學，等你找到工作，等你事業有成，等到你的孩子都長大了，到那時候，你就可以……」然後，等你活到像你父母的年紀，你又開始告訴自己，告訴你的孩子說：「等到你如何如何以後，你就可以如何如何……。」

等待、等待……人們似乎一生都在等待，有人等待金錢，有人等待文憑，有人在等成家立業，有人在等愛人回心轉意，有人等待死後的天堂……但是，卻很少人去想過自己為什麼要一再的等待。

一個認為「等到」他考上大學就可以快樂的學生，一旦上了大學，他很可能又在計劃，「等到」畢了業，找到工作或交到男女朋友之後，他才會快樂。然後呢！「等到」願望實現了，他又開始另一個等待……。那個未來的「甜頭」不斷的懸在眼前，但他卻從未好好的品嚐過。

德國大哲叔本華（Arthur Schopenhauer）曾感慨的說，有一種人一心只為未來奮鬥，一切只寄望未來，總是焦躁等待所有事物快點到來。他們以為，一旦得到這些事物，就能令他們快樂，卻不知道自己這副蠢模樣，簡直和我們在義大利看到的笨驢沒兩樣。

義大利人把棍子放在驢子面前，棍子尾端懸著一束乾草，驢子就使勁加快步伐；孰不知乾草永遠只是懸在面前，看得見，卻吃不到；然而傻驢卻不斷努力想吃到。這種人一輩子活在幻覺中；始終「為未來而活」，至死不變。

回想一下，在你的一生中有多少次已遂你所願！如果說話算數的話你早該快樂了，不是嗎？你想拿到文憑，你拿到了；你想找份工作，你找到了；你想買車子，想買棟房子，也都實現了。你已一次又一次得到你想要的東西，但你為什麼還不快樂？

因為你又在等待下一個幸福了。你所等待的東西一直都在未來，而不在現在，對嗎？你現在當然是不快樂。

你有沒有聽過一個故事？有一個乞丐坐在一棵樹下，有一個富翁的車子拋錨了，司機正在修理，那個富翁走出車外，看到那個乞丐很舒服地躺在樹下睡覺，就走到他旁邊，問他：「你為什麼不工作？」

那個乞丐說：「工作，為了什麼？」

那個富翁覺得有點困惑，他說：「工作才會有錢，這你不知道嗎？」

那乞丐又問：「有錢，為了什麼？」

那個富翁覺得更困惑，他說：「為了什麼？為了到你年紀大的時候才可以好好休息，好好享受啊！」

「但是，」那個乞丐說：「我現在就在休息，為什麼要等到以後？為什麼要到年紀大之後才享受？你難道看不出來嗎？我現在正悠閒的享受！為什麼要等待？」

等待幸福的人，過得往往都不怎麼幸福。是啊！為了要等到方便的時候才享受，我們不知失去了多少可能的幸福。

幸福快樂不需要花幾年、幾個月、幾個禮拜、幾天去尋找或等待，它就在現在。

請問，你還在等什麼？

chapter 14

不要去管明天

來臨的總是今天，你有什麼該去做、想去做，又還沒去做的事嗎？

去，現在就快去做吧！

如果你真的想做，為什麼要延緩到明天？

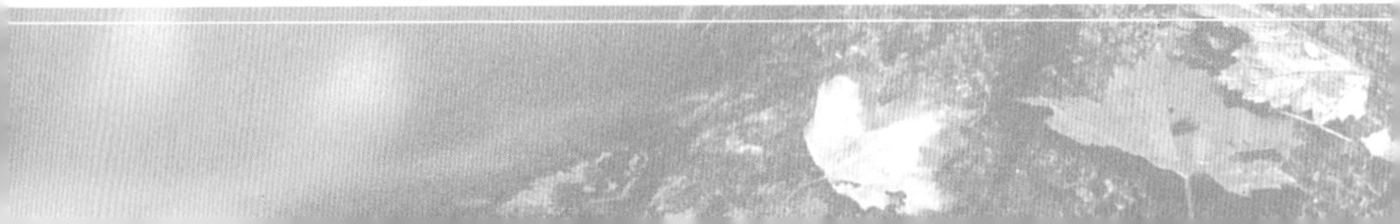

不要去管明天

如果你能照顧好現在，那你就等於是照顧了未來。

你有沒有注意到？當你決定要開始某件事時，你會說：「從明天開始。」這幾乎已成了一種習慣，凡事要等到明天。

當然，所謂明天才開始，永遠也不會有這一天。因為明天將會再度以今天到來，然後你將會再說：「我明天再開始。」一直等明天，這樣你就能無限期的延後，對嗎？

人們總是把不想做的事拖到明天。然而，明天就會比今天更好嗎？如果你今天是這樣，那麼明天也就是這樣，你認為明天就會比今天聰明嗎？你認為明天就會比今天更積極嗎？你認為明天將會比今天更年輕嗎？

不，明天你將會變得更老，你的勇氣將會更少，整個情形都將會變得更糟。明天你將會想更多的理由，找更多的藉口，然後，你的意志就會開始動搖，你就會再次的延緩，就會再次的說：「我明天開始、或後天開始，或從下星期一才開始。」就這樣，上星期變成了這星期，明天變成了今天，但你的明天從未到來，你也一直從未開始。

你想改變，你希望明天能變得不同。但是你記得你的昨天嗎？你的昨天也是一樣，你在等待今天，因為你的現在就是那個時候的明天。當明天到來的時候，它又成了今天，一千個、一萬個明天也是今天，它們都會以今天，以現在到來。今天它已經來臨，但什麼事也沒發生，你還是老樣子，之後的明天也會以同樣的方式來臨。如果你今天很糟，那你的明天又怎麼可能變得多好？

所以你能為明天所做的最好準備，就是把今天做好；如果你希望明天會更好，那你應該做的就是把今天先過好。

「不要去管明天」，這就是我想傳達的，但是，我的意思並非要大家放棄未來。相反的，我想強調的是，我們必須把握現在，才能創造未來；我想提醒的是，你不必想太多未來的事，未來是由現在所產生出來的。如果你能照顧好現在，那你就等於是照顧了未來，不是嗎？

未來會在你當下的生命中誕生，如果你能喜樂的活在當下，未來的你就會更喜樂；如果你今天是那麼的喜樂，那你的明天將會更喜樂，因為明天是從今天而來。

來臨的總是今天，你有什麼該去做、想去做，又還沒去做的事嗎？去，現在就快去做吧！

如果你真的想做，為什麼要延緩到明天？

chapter 15

下輩子是來自上輩子

來世就會更好嗎？來世會如何其實是看你的這一世，
沒錯，關鍵是你的現在。

下輩子是來自上輩子

明天是從今天而來，你今生怎麼樣，來生就是那個樣子。

人們已經變得很習慣於明天，習慣於為未來而活，他們甚至不只思考這一世的明天，他們同時還在思考來世，期待來世的美好。

為何思考來世？對來世的欲望意味著你錯過了這一世，你今生並不快樂，於是你把快樂投射到來生。否則你何必想，因為你並不是「你所想的」，所以你才會去想，對嗎？

可是明天是源於你的今天，如果你今天是痛苦的，你的明天將延續這個痛苦，你只會更加痛苦。然後，因為更加的痛苦，你又更把快樂投射到未來，你會對未來有更多的期待，你來世的天堂就是這麼被創造出來的。

來世就會更好嗎？來世會如何其實是看你的這一世，沒錯，關鍵是你的現在；我已經說過，明天是從今天而來，你今生怎麼樣，來生就是那個樣子，它只是一個延續，你生前的狀況將會決定你下一次出生。

這就好比，在睡覺前你看了一部片子，你剛好看到一段非常悲慘的劇情，但你沒看完就去睡覺，那當明天你繼續看下去時，劇情必然也是悲慘的，不是嗎？

其實，我們每天睡覺都是一個小死亡，當你過完一天的時候，你是帶著怎麼樣的心情入睡，也就帶著怎樣的心情起床，如果你在睡前心情不安、焦躁、失眠，腦子都是垃圾，那你的明天又會有多好的開始？你將繼續扛著昨天的垃圾。

下輩子是來自上輩子，如果你的一生充滿怨懟、忿恨、野心、欲望，那你的下次轉世，也就會重複同樣的狀況，你將會有相同的經歷。正如托爾斯泰所說的：「當你想到死後的靈魂會如何時，也要想想當前的靈魂有過什麼樣的經歷。如果你打算去某地，其實你也是從某處來。」如果一個人能夠好像在天堂般喜樂地過生活，死亡就不可能把他帶向地獄。

所以我說，要緊的是現在，是你今天的所作所為。要緊的不在於降生的來世，因為來世的種子是今世播下的，今天播什麼種，明天就會結什麼果。你要關心的是你的心性，你的貪欲、憎恨、執著、暴躁是否修正了？如果你相信輪迴，相信下一世，那麼你需要思考的應該是這些。

chapter 16

我一直忙著想死

死亡並不是在最後才發生，它已經在發生，
只是不知道什麼時候，用什麼方式，找上我們。

我一直忙著想死

活得夠長，不一定活得夠好；但是活得夠好，也就夠長了。

臨終的人教給我們很多課題，其中最讓人驚訝的是生命並不是在得知將死時便結束了，反而從那一刻才開始。

一位企業家談及他的生死觀。他說，他曾生過大病，住過加護病房，在生死一線間被拉回人間。從此思索著：「我還有什麼事還沒做，要及時做。」

一位女病人被診斷出癌症時，已經是末期了，她剩下的日子不多。她說：「當我接受死亡的事實後，生命似乎才真正開始。以前日子都不知道是怎麼溜走的，現在我不會再輕易錯過。」

我還認識一個堅強的老師，當她知道自己罹患乳癌後，她說，她反而得到解脫。她終於可以毫無罪惡感地卸下學校和家裡的重擔。畢竟，一個正與乳癌奮戰的女人，除了照顧好自己外，沒有人會要求她做些什麼。

彷彿只有當我們體認到，我們在世上的時間是有限的，才懂得好好過每一天，好像過去的日子不存在似的。

其實，死亡並不是在最後才發生，它已經在發生，只是不知道什麼時候，用什麼方式，找上我們。是該有人告訴我們：生命無常，要好好活在當下。

許多人一心想活得長壽，我不知道你怎麼想，但我認為，與其活得長，不如活得好。伯納德‧詹森（Bernad Jensen）有句名言：「活得夠長，不一定活得夠好；但是活得夠好，也就夠長了。」

我們應該重視的是生命的「亮度」，而不是「長度」；我們應該在意的不是自己能夠活得多久，而是自己是否活得夠好；如果活得不好，那多一天就多折磨一天，還不如早點結束，對嗎？

有位以其安慰垂死病人著稱的西方哲學家藍姆‧達斯，說了一個他所接觸的一位垂死婦人的故事。

這位婦人只剩下數週的生命，她將所有的時間都用來想並談論將死的恐懼。藍姆‧達斯直截了當告訴她：「你是不是可以不要花那麼多的時間在死上，而將這些時間用來活呢？」

剛聽到這話時，婦人有些不悅，但過了一會兒，她突然醒悟的對藍姆・達斯說：「你說得對，我一直忙著想死，竟忘了該怎麼活。」

一星期之後，那婦人死了，然而，在她要走之前，她非常感激的告訴藍姆・達斯：「過去一星期以來，我活得比前一陣子豐富太多了。」

轉移焦點，盡可能全然的去生活，那麼你將會忘了死亡，因為一個活在當下的人不知道死亡。因為死亡是在未來，而生命總是在今天。

其實，我們應該懼怕的不是死亡，未完全綻放的生命才是真正的悲劇。

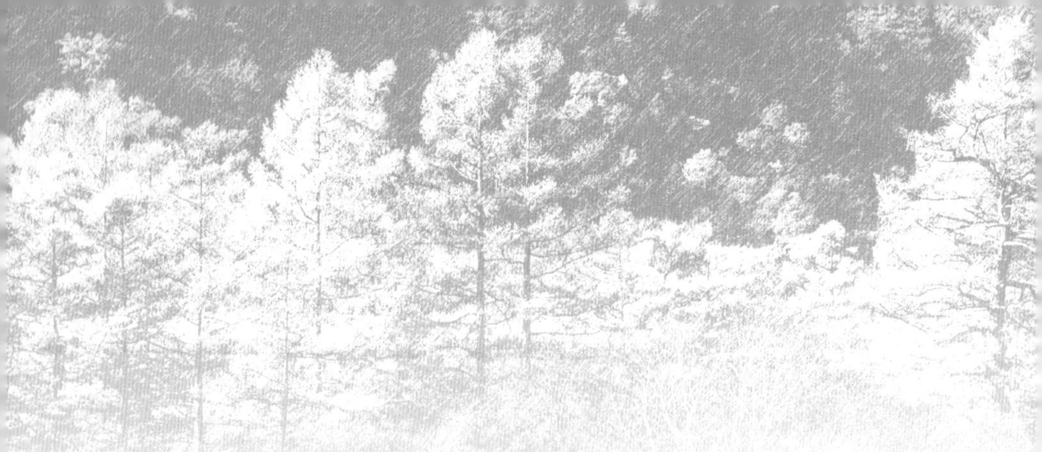

chapter 17

下一個美好暑假

人們旅遊不是為了欣賞風景，而是為了到達某地；
到達某地並沒有融入當地，而是急著到達下一個目的地。
我們的心總是計算著有多少事還沒做，
同時還記掛著必須完成的下一件事。

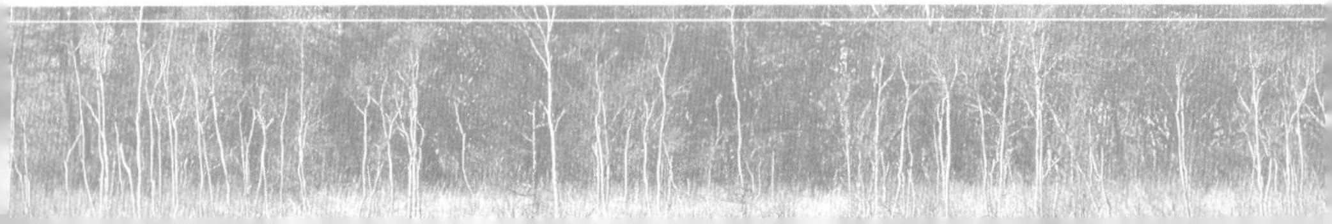

下一個美好暑假

那些活在下一刻的人就是失去此刻的人，那些關心未來的人就是沒有今天的人。

暑假中，瑪莉的同學珍妮到瑪莉家玩，她倆很自然地就談論起即將過去的暑假生活。

瑪莉說：「這暑假太沒意思了，我天天盼望著開學，開學後又有美好希望了。」

「什麼美好希望？」珍妮問。

「希望下一個美好的暑假呀！」瑪莉回答。

你注意到了嗎？人們似乎永遠都在做一件事——那就是下一件事。如果你仔細觀察，你就會發現，每個人都在期待下一件事——下一個假期，下一棟房子，下一個職位，下一個目標，下一個目的地……

人們旅遊不是為了欣賞風景，而是為了到達某地；到達某地並沒有融入當地，而是急著到達下一個目的地。我們的心總是計算著有多少事還沒做，同時還記掛著必須完成的下一件事。

人們邊看電視還一邊跟朋友通電話，同時手上還忙著翻雜誌；手上做一件事，頭腦想的卻是另一件事，心理感覺的又是另一件事。

人們休假不好好休假，然後又計劃著下次休假要怎麼好好休假。週末休假，就用來計劃下週、下一個月的假；元旦休假，又用來計劃過年的連假要怎麼休。

人們活著卻沒有認真的活，老想著下一代，想著下一輩子；人們愛卻沒有全然的去愛，總是想著下一個女人、下一個男人……

我聽過一則笑話，有兩個朋友在路上相遇，正好是他們剛剛結婚一個月後。高的男人說：「我的妻子令我很難過。」

矮的男人問：「是怎麼回事？」

高的男人說：「她總是談她前夫的事。」

矮的男人說：「你比我好多了，我的妻子總是談她未來丈夫的事。」

為什麼你要去想那個不存在的未來呢？錯失現在也就錯失未來，難道你不知道嗎？那些活在下一刻的人就是失去此刻的人，那些關心未來的人就是沒有今天的人。

過往，就像昨日西下的夕陽；未來，則是明天還未升起的太陽，你無法期望它們能曬乾你剛剛被淋濕的頭髮，不是嗎？

不要去擔心未來，別去顧慮下一件事、下一個旅程、下一個暑假，把當下活的歡喜一點，使每個當下都成為喜樂的片刻，然後當下一個片刻到來時，喜樂也會隨著到來；然後當下一個戀情、下一段旅程、下一次暑假來臨時，美好也會跟隨著來臨。

快樂就在當下，你真的不必再等下一次了。

chapter 18

你還有半小時啊！

你幹嘛那麼急？就算是趕著要去投胎，時間也還沒到；
就算是錯過了這班車，也還有下一班車……

你還有半小時啊！

為了趕時間，內心所承受的焦躁，可能從你生命中拿走更多的時間。

一對夫妻抱著孩子和渡假的行李衝進火車站，一副很匆忙的樣子。

「請問一下，」丈夫滿頭大汗地抓住一位站務員問道：「五點半的火車開走了沒有？」

「抱歉！先生，那列火車才剛剛出站。」站務員回答。

只見丈夫很懊惱地把行李往月臺重重一摔，粗聲粗氣地對妻子說到：「要不是你耽誤這麼久的話，我們早就趕上這班火車了。」

氣喘吁吁的妻子聽到這番話，也很不高興地回道：「沒錯，但如果不是你那麼拼命催促我的話，就可以悠哉悠哉的坐到下班火車，而不用在這兒等那麼久啦！」

她是對的，原本可以輕鬆悠閒的事，為什麼非要搞得緊張兮兮？

這樣的情景你應該不陌生，例如夫妻倆難得一起出門逛街或跟朋友聚餐，這原本是件快樂事，太太說：「等一會我去打扮一下。」先生卻不停地催促：「快一點，等一會路上就塞車了，化個妝那麼慢！」就因為急躁，結果把原本的享受變成了負擔，把原本愉快的事弄得彼此都不愉快。

你是否也是這樣？你車子已經打發，即使要上車的人還沒準備好；你頻頻看錶，害怕時間會來不及；你心急如焚，你怕耽誤了整個計劃；你走上走下，催東催西；你是這樣的急躁，即使是輕鬆愉快的渡假也可以搞的匆匆忙忙……就像那個先生一樣，自己急躁，又無法容忍別人動作慢；自己受苦受難還嫌不夠，又硬拉著別人一起跳火坑。

說來真的好笑，有些車子以飛快的速度連連超車，你以為他趕著去哪裡？就只是早點趕上下一個紅燈而已；有些人像〇〇七電影裡的詹姆斯龐德一樣，在馬路上橫衝直撞，你以為他趕著去拆解核子彈頭，解救世界危機嗎？當然不是，他也許只是為了早點趕上下一班車，也許只是為了趕著去做放鬆身心的ＳＰＡ……

為什麼你要那麼匆忙？你有沒有想過，當你為了趕時間，內心所承受的焦躁，可能從你生命中拿走更多的時間？有沒有想過，當你這樣匆忙的從一個地方趕到另一個地方，你根本無法享受其間的美好，更無暇欣賞周遭的美景，你整個生命其實都浪費了？

你甚至無法靜靜地坐下來幾分鐘，讓你的靈魂追上你……

幾天前，我讀到一個故事……有一個調皮的小男孩跑到寺廟玩，他的聲音吵到了一位正在靜坐的和尚。

和尚走過去，問那個小孩：「你那麼吵，有什麼事嗎？」

小孩說：「我想問，現在幾點了？」

和尚把手伸進長袍裡摸索著，好不容易終於拿出一個懷錶。

「現在正好是五點半。」和尚說。

「我知道了，」那小孩一臉作怪的說：「六點一到，你就會下地獄！」他說完後，馬上轉身就跑。

和尚聽完撩起長袍，死命的地向那小孩追去，追著、追著，不料卻撞上師父。

「阿彌陀佛！」師父大喝一聲說：「你跑那麼快要去哪裡？」

「那個小男孩，」和尚氣喘吁吁地說：「我告訴他說現在時間是五點半，他卻對我說，我六點的時候會下地獄！」

「真的嗎？」師父瞄了一下寺裡的鐘，然後說「可是你幹嘛那麼急？你還有半小時啊！」

你幹嘛那麼急？就算是趕著要去投胎，時間也還沒到，對嗎？就算是錯過了這班車，也還有下一班車，何必把自己弄得緊張兮兮？你不覺得，你一直為了那個虛無的未來而錯過了美好的當下了嗎？

靜下心來，慢慢走，好好想想這個問題吧！

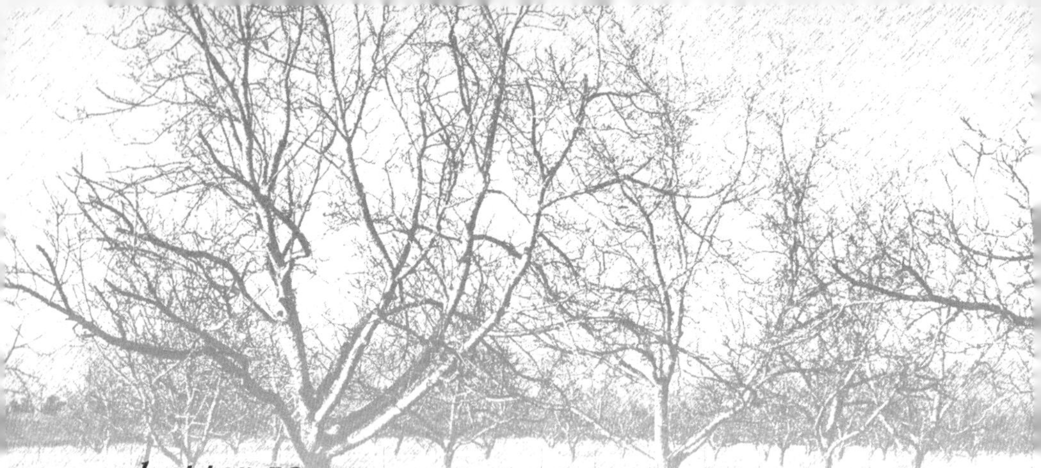

chapter 19

現在就放了自己

要放下痛苦，並不是能不能的問題，而是在於你願不願意。

問題不在時間，而在於瞭解。

現在就放了自己

時間是不需要的，唯有當你不願放下，過去的痛苦才需要時間去稀釋。

相信許多人都聽過「時間可以治癒一切傷口」這句話。

時間果真可以幫我們沖淡一切？不，事實上時間並沒有改變什麼，它並不能改變任何既成的事實和結果，你之所以釋懷，那是因為你改變了——也許是時間讓你變得不同，也可能是你的想法和觀點變了，總之，原因都在你。

時間並不是主要的關鍵，重要的是你。你之所以需要時間才能把事情淡忘，那是因為每當問題發生時，你總是太投入、太入戲，你是那麼的激動、憤恨、痛苦，整個人好像著魔似的，根本沒有空餘的時間讓自己冷卻下來，所以時間是需要的。

但是，如果你能當下就釋懷，如果你能在事件發生不久就看開，就想通，就把它放下呢？那時間就不需要了，不是嗎？所以我說關鍵就在你。

有位滿懷怨恨的婦人向大師訴說著過去總總的不平，「我會如此難過是因為那個人實在太過份了……」婦人激動的說。

「嗯！妳的境遇的確悲慘，」大師說：「但是會讓你如此難過的還是你自己呀！」

「怎麼說呢？」

「你的痛苦難道不是你自己的想法造成的嗎？」大師接著說：「想一想，那個人和那些事都已經「過去」，你現在的痛苦又從何而來？真正的原因是你自己緊抓著過去不放，不是嗎？」

許多人因被傷害而懷恨在心，想藉著心中的怨恨把他除腦外，但是滿腔的恨意，只會使你更想到他。對方也許只傷害過你一次，你卻在心中一而再、再而三，反覆的想著，好像已被傷害過千百次似的。

想想看，他都已經傷害你了，難道你還要對他「念念不忘」嗎？

要放下痛苦，並不是能不能的問題，而是在於你願不願意。問題不在時間，而在於瞭解。

也許有些人會不以為然：「先生，你不瞭解的，如果在我身上的事也發生在你身上，你就會明白。但你就是不瞭解。」是的，或許你的遭遇真的很悲慘，你的不幸都不是外人可以想像的，但問題是你會氣憤，怨恨，會痛心疾首，會痛不欲生，真正的原因還是在你啊！如果沒有你的支持，沒有你給它們能量，這些痛苦又怎麼會存在？

時間是不需要的，唯有當你不願放下，過去的痛苦才需要時間去稀釋。如果你活在當下，那麼你馬上就可以拋開你的痛苦。

沒錯，你是唯一能決定自己要受苦多久的人。既然如此，既然決定在你，為什麼你總要讓自己苦個幾天，幾個月或幾年才肯「放下」呢？

為什麼不當下就放下？

chapter 20

誰綁住了你？

當你一無所得，也就一無所失；

當你兩手空空，那麼你想抓住什麼都任你選擇。

誰綁住了你？

並沒有任何枷鎖把你綑綁住，是你自己緊抓著枷鎖不放，這才是問題所在。

不管是工作、生活、情感……許多人都曾一度嘗試往另一個方向走。一方面想跳脫，另一方面又害怕，結果把自己弄得既矛盾又掙扎，折騰了一大圈卻還在原點。

他們寧可忍受痛苦，也不願去做會使自己害怕的事；寧可屈就自己不滿意的工作，也不願面對新的挑戰；寧可妥協於不如意的生活，也不願開創新的可能；寧可忍受不幸的婚姻，也不願離開悲慘的命運。

明知到「原地踏步」是走不出僵局、是沒有轉機的，但他們仍選擇維持現狀，之所以會這樣，是因為他們害怕一旦改變之後，生活就會瓦解，結果就在這種死胡同裡繞來繞去。

已知的一切或許並不愉快，但起碼是熟悉的，起碼已經習慣了，然而未知的呢？誰知道啊！說不定會更糟，算了吧！還是保持原狀好了。

在《易經》裡，有這麼一句話：「所有人類的苦難，都產生於對前一種存在狀態的依戀。」

人們是那麼地害怕一無所有，害怕兩手空空，能抓住些什麼，總比什麼都沒有好，即使是抓住痛苦，抓住垃圾都好，因而總不願意放手，卻沒想到一無所有才是真正的自由。

當你一無所得，也就一無所失；當你兩手空空，那麼你想抓住什麼都任你選擇。

有人問禪師：「我要如何讓自己解脫出來？」

禪師說：「誰綁住了你？」

那人說：「沒有……」

禪師說：「既然沒有人綁住你，又何來的解脫呢？」

你本來就是自由的，事實上，你是完全自由的，並沒有任何枷鎖把你綑綁住，是你自己緊抓著枷鎖不放，這才是問題所在。你並非無路可走，而是你害怕走出去，懂嗎？

放下束縛，放棄熟悉的牢籠，走出去，然後整個天空就是你的。

chapter 21

你總是做不應該的事

你該休息的時候，沒休息到，該玩樂的時候，沒玩到，

該認真的時候又不認真；你總是做那個「不應該」的事。

你總是做不應該的事

你該休息的時候，沒休息到，該玩樂的時候，沒玩到，該認真的時候又不認真。

你做了決定要去做某件事，然而當你真正做了，你可能又後悔，「我應該去做另一件事」，所以你就去做那件事，但當你開始去做時，你可能又懊惱，「也許我不該做這個，我應該做先前的那件事才對」。

心裡有一個聲音總是不放過你，不管你做什麼，它都會有意見，都會指責你，你似乎都在做那個「不應該」的事。

如果你什麼事都不做，它會說：「你太懶了，這樣怎麼可以，你應該努力一點才對。」因此你開始努力，但當你很投入做得正起勁，它又說：「你太急了，這樣遲早會把身體搞垮，你應該放鬆一點才對。」如果你真的鬆懈下來，它又會說：「你在做什麼？你又在偷懶了！」

你該休息的時候，沒休息到，該玩樂的時候，沒玩到，該認真的時候又不認真；你總是做那個「不應該」的事。

當你單獨一個人的時候，你覺得很孤單，所以你想找個人，但是當你跟他在一起的時候，你覺得還是自己一個人比較好，於是你又渴望單獨一個人；但等到單獨之後，很快你又開始想著那個人。

這就是你的問題，單獨的時候不懂得享受單獨的幸福，當有人相伴的時候又不懂得享受兩人在一起的幸福，你的幸福就是這麼錯失的。

當你單身時，你渴望能找個伴；但一旦你結婚之後，你又開始渴望單身的生活；當你在紛擾的城市時，你渴望鄉野的寧靜，但一旦你置身鄉野，你的心又不安於寂靜，你又開始懷念起城市裡的一切。

你可以看出其中的愚蠢嗎？你做這件事的時候，就一直想著那件事，但等到你真的做那件事時，你又開始想著這件事……你在這裡就一直想著那裡，但等到你真的到了那兒，你又開始想著這裡；然後你回到這裡，你又開始想那裡，想著那裡美好的種種，你開始懷念，期待下次能再去那裡，於是再次的，你坐在這裡，又不斷想著那裡……就這樣，你一再的錯失當下。

chapter 22

假如當初

如果錯過了太陽時你流淚，那麼你也將錯過群星。

——印度詩人泰戈爾

假如當初

如果錯過了太陽時你流淚，那麼你也將錯過群星。

「假如當初……」，當事情發生時，我們總習慣這麼說。我們常會嘆息過去某個時刻，為什麼不做另一個選擇。

假如當初我早點送他到醫院，也許他就不會……

早知道到醫院之後會變這樣，我當初就不該……

要知道結果會這樣，當初就不該聽你的話……

當時我若聽你的話……，就好了。

「假如當初」這種想法一開始就是個錯誤，因為凡事沒有絕對的對或錯。假如你選擇了一條路，就永遠無法確定如果選另一條路的結果會如何。假如當初你做的是另外一個決定，你認為那絕對就是對的嗎？不，沒有什麼是絕對的。

我常說這個故事，有一個官員到一家精神病院參觀，院裡的護理長逐一地向他解說每一位病患的狀況。有一位病人手中握著一張照片，一邊哭一邊用頭撞牆壁。

官員問：「這個人怎麼啦？他發生了什麼事？」

護理長說：「他曾經深愛過一個女人——就是他手裡一直握著的那張照片上

的女人，不論醒著或睡時，都不肯將照片放下。但是那女人卻嫁給了別人，所以他才會發瘋。」

官員說：「真是令人感傷的故事。」

這時隔壁房間有一個人正用頭用力撞牆。官員問：「天啊！他又怎麼了？」護理長說：「他就是娶了那個女人的人！他一直想自殺，所以就被送進了瘋人院。」

得失本來就沒有絕對。

那為什麼沒得到的人痛苦，得到的人卻更痛苦，為什麼呢？因為不論你選擇什麼，最後你還是會選擇痛苦，因為你總是在想著那個你沒得到、或你沒選擇的。

不管你做什麼決定，那個沒有選擇的另一半一定會在你腦海裡盤旋不去，你會想，也許那另一個選擇才是對的，而當你真的換了選擇，情況就不同嗎？不，你還是一樣，現在換成你所換掉的選擇在困擾你，現在換成原先的做法才是對的，你總是無法安於現在。

「早知道……我就……」「要是那時……」「我當時若……就好了！」這類「假如當初」的話，你是不是很熟悉呢？

你想過嗎？當你說「早知道」的時候，就表示你之前並不知道，對嗎？既然是不知道，你能怎麼樣？你能對一件根本不知道的事怎麼樣？

沒有任何事情，能在遇到或知道之前就改變，不是嗎？所以，你說「假如當初」，是沒有意義的，過去都已經過了，我們不應該往後看，除非你能從過去的錯誤中獲取有用的教訓。過去無法改變，我們只能活在現在。

印度詩人泰戈爾說得對：「如果錯過了太陽時你流淚，那麼你也將錯過群星。」你首先浪費時間在做錯誤的事，而後又浪費時間去後悔那件事，結果錯過了現在該做的事……然後又後悔你錯過了這些事，這不是很蠢嗎？

我們應該停止悔恨的愚行，把精力集中在「現在我能做什麼」，而不是「當時我做了什麼」，若能如此，那麼你從失敗中學到的，將會比從成功中學到的更多。

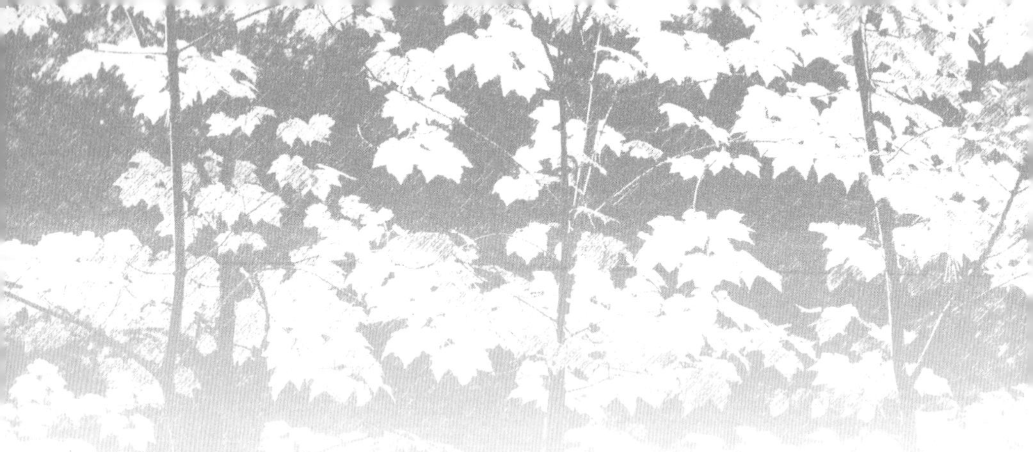

chapter 23

過一天算一天

十斤的憂愁，也貼補不了半兩的債。

擔心永遠是多餘的，難道不是嗎？

過一天算一天

一次只咀嚼生命的一小片段，因爲這樣才不會噎到。

你是不是經常擔心一些還沒有到來的事？是不是經常掛念著明天或昨天還沒完成的工作或功課？你也是這樣嗎？常常會去想隔天或幾天後，甚至隔幾個星期、幾個月以後的事？

如果你是這樣的話，我想你日子一定過得很累，對嗎？因為你所有的擔憂根本無濟於事，就像一部在爛泥裡面空轉的車輪，只能在那個地方空轉，浪費了油卻什麼地方也到不了。

回想一下你曾擔心過的事，比方擔心考試會不會通過，擔心生病什麼時候會好，擔心天氣會不會下雨，擔心沒錢繳貸款……最後的結果曾因你的擔心而有改變嗎？

事實上這是不可能的。你怎麼可能藉由擔心緊張而帶來好成績？怎麼可能透過憂愁煩惱讓病情轉好？怎麼可能因為焦慮不安就能變出錢來繳貸款？怎麼可能說天氣會因你的擔心而有所改變？

十斤的憂愁，也貼補不了半兩的債。擔心永遠是多餘的，難道不是嗎？

為什麼你寧可在那些沒辦法的事情上窮操心，而不願在有辦法的事情上花力氣？如果你把時間都花在有意義的事情上，你又怎麼會有時間去窮擔心呢？

說一則故事：

客廳中一個巨大的掛鐘滴答滴答地在響著。在一個夜裡，突然聽見一陣泣聲，於是客廳的傢俱們到處尋找聲音的來源，原來是秒針在飲泣。

秒針哭著說：「我真命苦，每當我跑一圈時，長針才走一步，我跑六十圈時短針才走五步。一天我需要跑一千四百四十圈，一星期有七天，一個月有三十天，一年有三百六十五天……，我如此瘦弱，卻需要分分秒秒的跑下去，我怎麼跑得動呢？我辦不到。」

旁邊的檯燈安慰它說：「不要去想還沒來的事，你只須按本份一步一步地往前走，你將會走得輕鬆愉快。」

名醫威廉・奧斯樂（William Osler）開了一個簡單卻有效的方子：「過一天算一天。」意思是說，我們活在今天，就只要做好今天的事就好了，無須擔憂明天或後天的事。

他說：「不要擔心將來的事，每天只要活在就寢的時間就夠了，因為不知抗拒煩惱的人總是英年早逝。」的確如此，每天擔憂煩惱就像把一條繩子拉來拉去，遲早也會拉斷。

你擔心什麼？生病嗎？去看醫生——讓他來擔這個心！

擔心成績差嗎？如果你把時間和精神都用來擔心，那只會讓你的成績更差。

擔心工作落後嗎？沒錯，如果你還繼續擔心，那你的工作只會落後更多。

擔心會遇到麻煩——你現在已經遇上了；

擔心自己會受苦——你現在已經因擔心而受苦，不是嗎？

過一天算一天，分段過日子，當我們把日子分成一小段一小段，所有的事都會變得容易的多。如果你只活在每一個片刻，你就沒有時間後悔，沒有時間擔憂，而只專注在眼前。聰明的人一次只咀嚼生命的一小片段，因為這樣才不會噎到。

學學《飄》的女主角郝思嘉吧！對自己說，「現在我不要想這些，等明天再說，畢竟，明天又是新的一天。」

昨天已過，明天尚未到來，想那麼多幹嘛！

chapter 24

你怎麼還沒放下？

人生不過是一場帶著行李的旅行，
我們只能不斷向前走，並且沿途拋棄沉重的包袱。
──德川家康

你怎麼還沒放下？

如果把每一階段的「是非得失」全都扛在肩上，今後的路要怎麼走？

每天早晨，和大多數人一樣，你背著過去的包袱，直到入眠方休；到了第二天早晨，你又再度背起昨天的包袱……就這樣，生命越往前走，你的包袱和負擔就越重，包袱越沉重，你就越不快樂，你的旅程就越早結束。

《重整行囊》一書作者理查・J・賴德曾說過一則有趣的親身經歷。

有一年，理查和一群好友到東非賽倫蓋蒂平原一帶去探險。當時，正逢東非遭受嚴重的乾旱侵襲。在那趟旅途中，理查隨身帶了一個厚重的背包，裡面塞滿了食具、衣服、指南針、觀星儀、挖掘工具、切割工具、護理藥品等各種瓶瓶罐罐。

有一天，當地擔任嚮導的一位土著在檢視完理查的背包之後，突然問了他一句話：「這些東西會讓你比較快樂嗎？」理查當場愣住了，這是他從未想過的問題。理查開始回頭問自己，結果發現到，有許多東西實在不值得為了背負它們，而累壞了自己。

理查決定將自己的背包重新整理，取出一些不必要的東西送給當地村民。接下來的行程，因為背包輕多了，旅途也變更愉快。從此以後，他學會在人生各個階段，定期卸下包袱，隨時尋找減輕負擔的方法，讓自己活得更輕鬆、更自在。

你有沒有檢查過你的「背包」，你的背上扛了多少是不必要的包袱？比方，你過去的失敗，你曾經做錯的事，你是不是還扛在身上？以前發生那些不愉快的事，那些讓你忿恨的人，你是不是還沒放下呢？你準備還要扛多久？

那些東西並不值得你為了背負他們，而累壞了自己，不是嗎？

你說，那件事對你打擊很大，那個人傷你很深……這些都是真的，是他傷害了你，是他欺騙了你，是他對不起你……但，這不都是很久以前的事嗎？為什麼你還要繼續扛著他的錯誤？你為什麼要拿別人的錯誤來懲罰自己呢？

生命的過程就如同一次旅行，如果把每一階段的「是非得失」全都扛在肩上，今後的路要怎麼走？

是德川家康說的吧，「人生不過是一場帶著行李的旅行，我們只能不斷向前走，並且沿途拋棄沉重的包袱。」

人生，如何你希望旅程是快樂的，就儘快放下身上的包袱吧！丟棄那些多餘的負擔，丟掉那些舊的恐懼、舊的束縛、舊的創傷，放掉任何「不值得」背負的東西。即使事情是最近才發生的，即使是剛剛才發生的，我們也應該學習放下。

天使之所以能夠飛翔，是因為他有輕盈的人生態度，我們也應該這樣，學會當下就放下。

我想起一則故事，或許你也聽過。在十九世紀末，有位明治大學的教授坦山有次與同修一起出門，半路上遇到一場大雨，四處一片泥濘、積水，遠遠看見一位穿和服、木屐的女孩無法走過積水的地方，坦山當時毫不猶豫的跑過去，將女孩抱起踏過泥濘，並很快的放下。

事後與其同行的和尚便不與坦山說話，隔日，坦山忍不住問他：「你為何從昨天出去回來後，就不理我？」

「平常男女授受不親，更何況你是位出家的法師，怎可抱她呢？」

坦山回答說：「喔！原來你是為了這件事啊！當時我抱那位女孩過去後，就馬上放下了，你怎麼到現在還沒放呢？」

很多事為什麼你一直放不下？因為你一直沒有活在當下，這就是答案。

chapter 25

是因爲期待

愛並沒有錯，錯的是你的愛是帶有目的，

你的關愛包含了太多的期待，這即是問題所在。

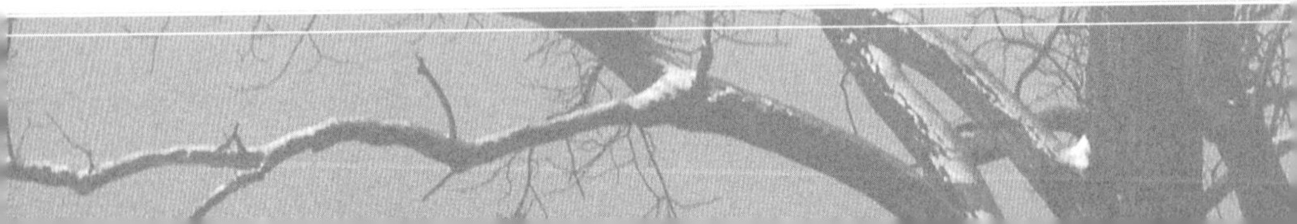

是因為期待

真正帶給你痛苦的並不是那個人，是你對那個人的期待。

為什麼他常讓你挫折、失望？為什麼越親密的人總是傷你越深？為什麼感情到後來會由愛生恨？

一連串為什麼，原因其實都是因為期待。當你越親密，你對他的期待就越大，而當你期待越大，你的挫折和失望也就越大，整個情況就是這樣，一個人會由愛生恨，多半也是期待，如果你對那個人沒有任何期待，你又怎麼可能恨他？

你不會對一個陌生人感到挫折失望，因為你無法對陌生人期待任何東西，不是嗎？這也就是為什麼情人們剛開始交往時，一切是那麼的美好，一切都沒有問題，因為彼此還是陌生的，彼此都還沒有期待。

然而，當你們進一步交往，問題就來了，因為你已經認定他是你朋友，是你的愛人，然後你就會開始期待，你的挫折失望於焉產生，因為沒有人一生下來是為了滿足別人的期待，每一個人生下來都是為了滿足自己，而不是你，但你卻期待他來滿足你，而他也期待你去滿足他，於是你們之間的不滿會越來越多，你們的衝突、對抗、憤恨和痛苦就是這麼來的。

你最愛的是你的妻子、丈夫、孩子，但你最氣的人又是誰，也是他們，對嗎？

你想過嗎？為什麼你會對你所愛的人生氣？那些你愛的越深的人，你就氣的越深；愛得越多的人，你就怨得越多，為什麼？是不是你沒有從那個人身上得到預期的東西，對嗎？

你那麼愛他，處處為他著想，而他竟然不順你的心，不合你的意，竟然這樣對你，這就是你氣憤的原因，不是嗎？

這世界原本充滿著愛，先生愛太太、太太也愛先生、父母愛子女、子女也愛父母，愛一直都在，每個人都關心著所愛的人，但奇怪的是，為什麼被愛的人卻沒有因此過得更好、更幸福？為什麼家庭與婚姻的不幸反而越來越多？

問題到底錯在哪裡？難道不該有愛嗎？不，當然不是。愛並沒有錯，錯的是你的愛是帶有目的，你的關愛包含了太多的期待，這即是問題所在。

今天離婚率之所以不斷高漲，即是有太多的人對婚姻有過多的期待。愛意味著很大的期待。當你愛上一個人，你就開始創造出期望，幾乎每一對伴侶都那麼做，每一對情侶也這麼做，他們一直試著去改變對方，試著讓對方達到他所期待的夢，然而夢畢竟是夢，夢遲早會破碎的。

你怎麼能把你的期待放在別人身上呢？你怎麼能怪別人讓你失望？怎麼能氣別人或恨別人辜負了你？別人只是表露出他們本來的樣子。沒錯，那就是他，他就是這樣。為什麼不去接受事實的真相？為什麼被你所愛就必須為你所要的東西負責？

關係永遠不會讓人絕望，它們只不過沒給你你所期望的東西，這是因為你帶著錯誤的期待進入關係。一旦你放下期待，你不再去創造那些夢，你的心就會平靜下來，你將發現，原來你就是自己期望下最大的受害者。

明白了嗎？真正帶給你痛苦的並不是那個人，是你對那個人的期待，是那個期望帶給你痛苦，這就是你一再挫折、失望的原因。

chapter 26

女孩是我的第二志願

挫折和失望大多是來自事情原本的樣子，

以及我們期望它們應該是什麼樣子之間的落差。

女孩是我的第二志願

接受事物現在的樣子，而非你所希望的樣子。

你希望男友假日能陪你，結果他卻臨時有事；你們難得全家一起出遊，沒想到卻下起大雨；這次考試你抱著很大的期望，但成績卻很不理想；你附餐想喝冰咖啡，但服務生卻告訴你，現在只剩下果汁；你滿心期待這胎是個男孩，結果卻是個女孩……當遇到這類的事情時，你會怎麼樣？

你一定會覺得很失望、很挫折、很難過，對嗎？

挫折和失望大多是來自事情原本的樣子，以及我們期望它們應該是什麼樣子之間的落差，不是嗎？

想一想，如果你不要求一個特定的結果，你怎麼會失望？如果你沒有一個特定的期待，你怎麼會挫折？如果你不去抗拒任何既成的事實，你又怎會難過？

快樂就是接受那個「是的」，而不是去期待或強求那個「不是的」；更明白地說就是，接受事物現在的樣子，而非你所希望的樣子。

有位年輕的太太，剛生下她第一個孩子。

護士出去，把這個好消息告訴在產房外焦急等候的丈夫。

「你喜歡女孩還是男孩？」護士問。

「男孩……」新爸爸回答。

「喔！真可惜，這胎是個女孩。」

「沒關係，」做爸爸的笑著說：「女孩是我的第二志願。」

如果事情不是你喜歡的那個樣子，那就去喜歡事情的那個樣子。

明白這一點非常重要。人生的幸福不是從你想獲得什麼而來，因為世事總是無法盡如人意，真正的快樂是來自於「給什麼，就要什麼」。

引自艾爾伯特的話：「要得到你想要的一切很容易，如果你先學會不管你得到什麼。」

當你得到想要的東西，那很好；如果沒得到呢，那也沒關係；當結果是你希望的，去享受它，如果結果不是你期望的，也去喜歡它。這即是整個生活的藝術

——不管發生什麼事，都能找出屬於自己的快樂方式。

一旦你願意接受事物現在的樣子，而非你希望的樣子，所有的問題也就消失不見。

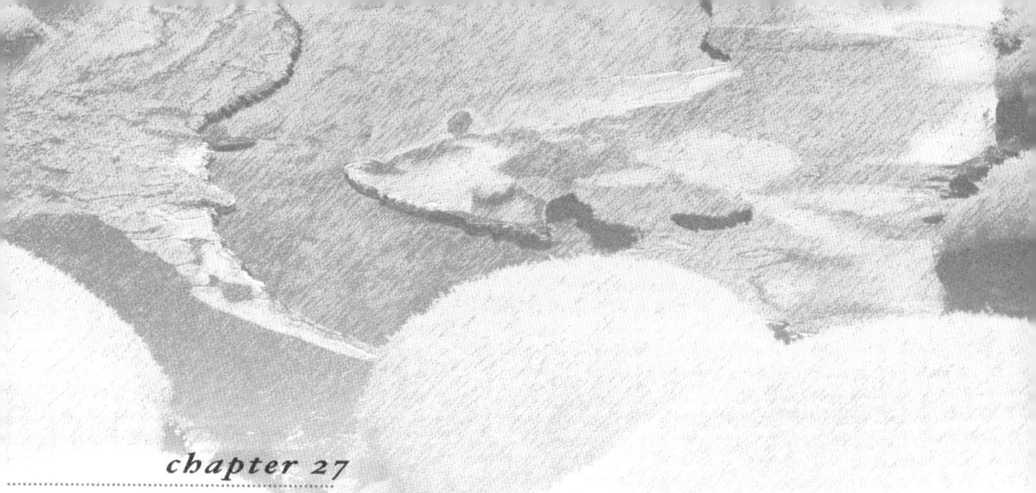

chapter 27

爲什麼放不下？

我們所有的痛苦都環繞著我、我、我……
「我的孩子、我的工作、我的先生、我要這，我討厭那……」
這就是我執，也就是你放不下的原因。

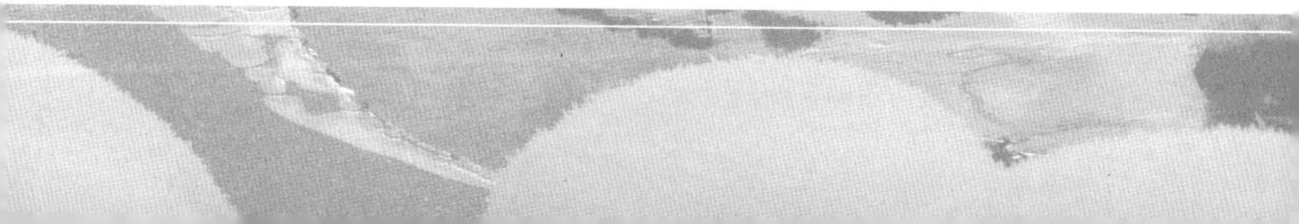

為什麼放不下？

欲望不是痛苦的根源，執著才是。

人為什麼會痛苦？放不下金錢、名位、感情，放不下孩子、先生、太太……。

這種對關係的執著，對肉體和外物的執著，即是整個痛苦的根源。

為什麼會放不下？執著在一個「我」，有我就會有執著，有執著就帶來痛苦。

你說，這是「我的」先生、「我的」太太、「我的」孩子、「我的」房子、

「我的」車子……。當你說這是「我的」車子時，你對它就放不下了。當你的車子被碰到、被刮傷、被弄髒，你就會不高興對不對？當你說這是「我的」孩子時，你就執著於他。你的快樂、悲傷、喜樂、痛苦都受他左右，不是嗎？

我們所有的痛苦都環繞著我、我、我……「我的孩子、我的工作、我的先生、我要這，我討厭那……」這就是我執，也就是你放不下的原因。

印度大乘佛教寂天菩薩（Shantideva）認為我們所執著的「我」即是惡魔，他說：

「世間一切暴力、恐懼和痛苦都來自我執。這個惡魔對你有什麼好處？如果你不放下「我」，你的痛苦將永無止期。正如你不放下手中的火，必然阻止不了火燒到你的手。」

記住，當你執著的時候，執著本身就是一個難題，問題不在你執著什麼。不管是錢財、名位、感情、欲望這些原本都沒有什麼不好，不是錢財讓你貪婪，不是名位讓你墮落，不是感情讓你瘋狂，不是欲望讓你痛苦，真正的原因是執著。

是的，是執著，是你執著於要得到多少錢、要獲得哪個職位；是你執著於那個人、那個東西，才讓你痛苦。

明白了嗎？你之所以會為某人或某事受苦，那是因為你太執著了，所以放不下。

所以你說，我放不下工作、我放不下孩子、我放不下感情……。你是真的放不下他們嗎？不，你放不下的其實是自己，放不下的是你對「他們」的執著。

若能無我，當下就放下。

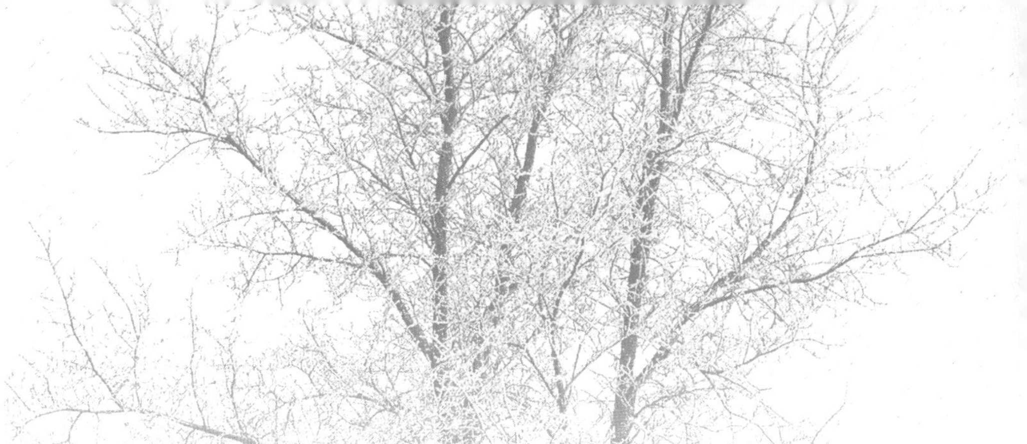

chapter 28

你什麼也帶不走

我在非洲發現了無限財富：鑽石、黃金、礦源、土地，
現在臨死卻一點也不能帶走。我的心靈空虛，我其實是一無所有。
——南非開國元勳羅德斯

你什麼也帶不走

唯有那些死亡無法帶走的才是你真正擁有的。

有一個美國觀光客慕名前去拜訪一位老師父。多年來他已經聽聞過不少這位師父的事情，他非常期待能見到這位先知。終於有一天，他決定去見他。當他走進老師父的房間時，他覺得很驚訝，因為那裡面空無一物！怎麼會連一件傢俱都沒有？這美國人不可置信的問：「先生，請問你的傢俱在哪裡？」

沒想到這位老師父反問：「那你的傢俱又在哪裡？」

美國人笑說：「我是這裡的遊客，當然不會扛著我的傢俱到處亂跑。」

老師父也笑著答道：「我也只是這裡的遊客，不久我就會走，正如你也會走一樣。」

我們都只是過客而已，在這個世界上，沒有人能真正擁有一件傢俱、一棟房子或一片田地。有一首詩寫得好：

蒼田青山無限好，前人耕耘後人收；

寄語後人且莫喜，更有後人樂逍遙！

就在你住的地方，那塊土地至少曾經有過許多地主，而他們也像你一樣，以為那土地是他的，現在他早已不存在了，但土地卻仍在那裡。他們曾經在爭鬥，就為了一小塊土地在爭鬥，而今呢？爭鬥的人早已離世，但土地一手轉過一手，卻從沒有人能帶走任何東西。

南非開國元勳羅德斯臨死前，嘆口氣說：「我在非洲發現了無限財富：鑽石、黃金、礦源、土地，現在臨死卻一點也不能帶走。我的心靈空虛，我其實是一無所有。」

叱吒一世的亞歷山大帝臨終時，他吩咐他的宰相說，「當我死後，你把我的身體帶到墓園時，讓我的手伸出靈柩外。」

首相問：「但這不合傳統！為什麼？為什麼你要這麼做？」

亞歷山大說：「我想讓人們看到，我空手而來，而我空手而走，我整個一生都浪費掉了，讓我的手伸出靈柩外，好讓每個人都能看見——甚至亞歷山大大帝也是空手而走的。」

像他這樣生於帝國，又征服了另一個帝國，併吞東西兩個世界領土和財富的人，到死的時候，卻連一件東西都帶不走，有什麼好爭的呢？

猶太教法典說：「人握拳來到這世界，彷彿在說：「整個世界都是我的。」但人離去時卻是攤開手掌，彷彿是說：「看吧！我什麼也沒帶走。」你來到世界的時候什麼都沒有，所以當你走的時候，你必須將所有得東西都留在這裡，你無法帶走任何東西。

別聲稱說，那是你所有的。沒有什麼是你的，你的存款、你的聲望、你的權勢，你最喜歡、最愛的這個那個……你什麼也帶不走，所有的一切在你離開時，你都得放掉；在放掉的當下你將領悟到，你費盡千辛萬苦，只是為了終將失去的東西，你所佔有的一切，不過是場白日夢，到頭來都是一場空。

我們都是遊客，這裡並不是我們的家，在這裡你所看到的每一樣東西，所使用的每一件物品，都只是借你暫用的，等你回家時，這些東西都要留下來。

所以，別去佔有，你應該盡情的去享受，享受你現有的一切，享受藍天、白雲、明月、星辰、花草、大地、微風、朝露，快樂的享受當下，享受這個世界存在的一切。

別去佔有，你應該盡情的去分享，分享你現有的一切，分享你的財富，分享你的快樂，分享那些你死後帶不走的，要記住，唯有那些死亡無法帶走的才是你真正擁有的。

chapter 29

滿足永遠都在未來

欲求未來將使你錯失當下，而如果你不能夠活在當下，
那你的不滿、你的痛苦將永無止息，那是沒有盡頭的。

滿足永遠都在未來

每個人都想摧毀痛苦，但每個人都在欲求，因此繼續在製造更多、更多的痛苦。

欲望是永遠都不可能被滿足的，因為它的本質就是不滿足。

我們常以為，若能得到更多的錢、更大的權力、更高的名位、更大的成就……就會滿足。其實不滿總是存在心裡的，只是被我們用金錢、權力、名位……所遮蓋住。所以，當我們得到這些目標，我們還是不滿，因為永遠都還有一個更遠的目標在前面等待我們去達成，這就是欲望。

欲望讓你一直都是處在不滿足的狀況中，它始終在渴望更多更新的事物，使你一直懸念著未來，你渴望未來更大的滿足，因而對現在的一切不滿。

你的不滿並不是你無法達到那些目標，而是一旦你達成，它的光輝就消失不見，滿足只存在於達成時的那一刻，在達到的那一刻之後，你就對它再也沒有興趣。

你曾注意、觀看你的欲望嗎？你想得到一百萬，現在你得到了，然而你為什麼還不滿呢？因為現在你又開始創造出新的欲望，開始期待新的未來——一千萬。沒錯，得到一百萬之後，下個目標就是一千萬，這就是為什麼你一直不滿的原因。

你也許想買一棟房子，那棟漂亮房子你想了好幾年，你很努力工作好多年……

現在房子是你的，但你依舊不滿足，因為在幾天或頂多幾年後，你又有了新的欲求……

你想擁有這個女人，現在你得到她了；你想得到這個男人，現在他是你的，而你們現在對彼此卻如此不滿，你們的美夢竟成了惡夢，為什麼？因為你的欲望，你希望他這樣、希望她那樣，希望他能滿足你的欲求，希望他變成你希望的樣子，你就是這樣，要求東要求西，不斷的要求……所以你們對彼此會這麼的不滿。

思維永遠在欲求。你的思想不曾片刻停止欲求，它整天都在追求，整夜都在追求；它在思慮中追求，在睡夢中追求。思維是個不斷欲求的過程……不管你今天有沒有買到那棟房子，或不管你今天有沒有和那個女人或那個男人結婚，你都會不滿，因為你總是想得到更多。

欲望意味著不滿，欲望意味著抱怨，欲望意味著事情不應該是這個樣子，欲望意味著你現在過得不好。總之，只要有欲望你就不可能滿足，這就是為什麼佛家不斷強調——無欲，因為他們知道如果欲望還在，你就不可能脫離痛苦。

一個沒有內在瞭解的人不可能享受任何事，他就只是受苦，即使他在愛，也會因愛而受苦；他很有錢，也會因錢財而受苦。是欲望創造出痛苦，痛苦其實並不存在，它只是欲望的衍生物。沒有人想要痛苦，每個人都想摧毀痛苦，但每個人都在欲求，因此繼續在製造更多、更多的痛苦。

你無法直接摧毀痛苦，你必須先找到它的根，你必須去看痛苦從何而來，不滿從何而來，這個水從哪裡冒出來，你必須深入土壤裡面，才能找到整個問題的源頭。

試著瞭解欲望是什麼，欲望是一種「不滿」的感覺，直到那份滿足被填補之前的未完成感。那個滿足永遠都在未來，它從來都不在此時此地，你現在對未來的期望就是欲望，當你有了欲望你就不可能活在當下，也不可能滿足。

欲求未來將使你錯失當下，而如果你不能夠活在當下，那你的不滿、你的痛苦將永無止息，那是沒有盡頭的。

chapter 30

欲求才是眞正的噪音

許多學習靜坐的人，企圖想排除雜念，結果往往適得其反，因為問題不在思想，而是在欲望。

欲求才是真正的噪音

一旦你能把欲望放下來，你的心也會跟著放下來。

唯有當你的腦海中沒有欲望，你才能夠活在當下，否則帶著欲望的頭腦會像鐘擺一樣，盪來盪去，你的心思要不是跑到過去的記憶，就是盪到未來的夢境裡，它從來都不在此時此地。

你有沒有試過安靜的坐著，讓自己什麼都不想，只是安靜的坐在那裡？這時候，你會聽到很多雜音，對嗎？你會想東想西，你會想以前發生的事，想以後要做的事，你會胡思亂想，對嗎？

有時候，連你都無法相信自己居然會有那麼多的念頭。那些過去的事，一、二十年前發生的事情都會突然湧現出來；還有各種關於未來的念頭，可能你現在才剛找到一份工作，可是你已經在想，退休後要到那裡渡假旅遊，要過怎麼樣瀟灑浪漫的生活……你想到巴黎，從巴黎想到喝咖啡，從喝咖啡想到退休以後你想開咖啡館，就這樣，你從一個念頭盪到另一個念頭，從一個欲望盪到另一個欲望……

因為欲望，所以你無法靜下來，即使是坐在椅子上，你還是動來動去，你會不斷的變換姿勢，抓抓這裡，摸摸那裡，如果你有很多欲望，你甚至不自主的會抖起腳，你內在的不安會引起整個身體的抖動；甚至當你睡著時，你都靜不下來，你會翻來覆去，你會作很多的夢，你有多少未完成的欲望，就會有多少的夢。

夢是來自欲望。當你清醒的時候，你稱它為夢想；而當你沉睡時，就稱它之為作夢。其實，不管是夢想或作夢，全都是你的欲望。你為什麼會有那麼多念頭？為什麼會有那麼多想法？為什麼會有那麼多的夢？對，是欲望。

所以，如果你還有任何欲望，你是無法安靜的坐著，那個欲求將會不斷的打擾你，就算你找到最安靜的地方也是沒用。問題不在環境，而在心境，欲求才是真正的噪音，明白嗎？

許多學習靜坐的人，企圖想排除雜念，結果往往適得其反，因為問題不在思想，而是在欲望。思想就像一盞燈火，而欲望則是燈油，唯有當有燈油的時候，那燈才會繼續燃燒，一旦燈油沒有了，那個火也跟著熄滅。同樣的道理，唯有當欲望消失，你的雜念也才會跟著消失。

雜念只跟過去和未來有關，你的雜念如果不是惦記著過去，就是想著未來，它永遠都不在當下這一刻。你要如何思考當下這一刻呢？你可以思考過去，想著過去已發生的事；你也可以思考未來，想一些未來要發生的事，但你不可能思考現在，那是不可能的，因為你就在現在，你要想什麼？當你想的時候，你就不在現在了，你的心也不可能靜下來。

有一位印度聖哲阿曼那達就提了一個問題給人們思考：「兩個念頭之間的你在那裡？」

人們長久以來都沒有活在當下，想進入靜心當然不容易，你將會一再地生出雜念，沒關係，那就先從呼吸開始，儘量將你呼吸的速度放慢，漸漸地，你會發覺隨著呼吸速度的放慢，你的步調，你的思緒也跟著慢下來，你將感覺有種輕鬆平靜的舒適注滿全身。

很好，接下來你必須慢慢地，放下你的貪婪、佔據和欲求的心。別貪心，因為貪婪會將你牽引到未來；別佔據，因為佔據使你執著於過去。一旦你能把欲望放下來，你的心也會跟著放下來。

chapter 31

啊，這蛋糕眞是好吃！

這蛋糕真是好吃！這草莓真是甜美！
這就是活在當下的人，即使死亡即將到來也無所謂，
因為那是在下一刻，而他一直都活在此時此刻。

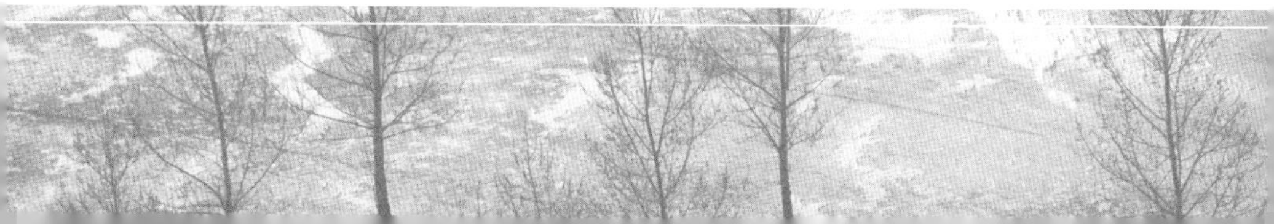

啊，這蛋糕真是好吃！

我現在不拉，那你說，我要等什麼時候才拉呢？

有一則廣為流傳的禪宗故事，大意是：

一個和尚被一隻餓虎追趕，當他爬下一處峭壁時，衣服被樹枝勾住，他就這樣懸在那裡，底下則是佈滿著蛇。這時，他發現周圍的矮樹叢中有一株草莓，於是和尚採下草莓，專心的聞著草莓的芳香，欣賞它的模樣，並小口品嚐，欣喜地說：「喔，這草莓真是甜美！」

這故事讓我想起另一則老和尚的故事——

話說有一個禪門老和尚，在他壽終正寢的那一天，他躺在床上，告訴大家他晚上就會走了。所以他的弟子、友人紛紛來到他的住所看他。

其中一個大弟子，當他聽到老和尚即將圓寂的消息時，就跑到市場去。有人問他：「你師父就快過世了，你為什麼還跑到市場去？」

那個弟子說：「我知道師父喜歡吃一種特別的蛋糕，所以我特別去買。」他找了很久，因為那種蛋糕現在已經不風行了。不過就在入夜之前，還是讓他找到了。

大家都很擔心，師父好像再等某個人，他會張開眼看看，然後又闔上眼，當這大弟子趕來的時候，他說：「好，你終於來了，蛋糕呢？」那弟子奉上蛋糕，他很開心師父想吃這個蛋糕。

垂死的師父手上拿著蛋糕……他先嚐了一口，然後開始津津有味地吃起來。這時有人忍不住問他：「師父，您很快就要離開我們了，您有沒有什麼話要交代的？有沒有什麼要我們特別記住的事？」

師父臉上泛起微笑，他說：「啊，這蛋糕真是好吃！」

這蛋糕真是好吃！這草莓真是甜美！這就是活在當下的人，即使死亡即將到來也無所謂，因為那是在下一刻，而他一直都活在此時此刻。

一個開悟的人明白，死亡是沒什麼好怕的，因為當我們還存在時，我們就還沒死，而當我們死亡之後，我們就已經不存在了，有什麼好擔心的呢？

不要想太多關於未來的事，它們會照顧它們自己，不要去顧慮那麼多，只要活在當下，讓自己好好的享受、欣賞、品嚐……那就對了！

我聽說有一位音樂家，因故而被判了死刑。在執行死刑的前一天晚上，他在牢房裡居然拉起了小提琴。

獄卒也不知是基於同情，還是覺得難以理解，跑過來問說：「你明天就要死了，還拉琴做什麼呢？」

音樂家一臉迷惑：「我現在不拉，那你說，我要等什麼時候才拉呢？」

chapter 32

享受今天剛釣到的魚

如果你好好檢視自己，便會發現，

你所關心的是過去與未來，而不是現在。

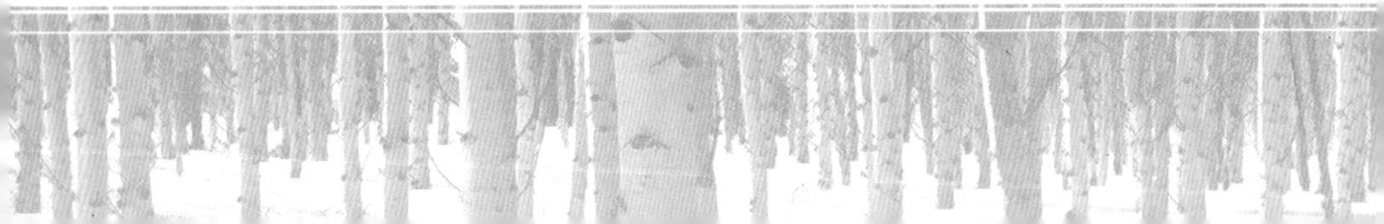

享受今天剛釣到的魚

過去是記憶，未來是想像，真正的、真實的快樂是現在。

人看起來好像是活在現在，但那不過是「看起來」而已，事實上，人只是「經過」現在，並沒有活在現在。現在只是讓你從過去擺盪到未來，從年輕擺盪到年老的一個出入口。如果你好好檢視自己，便會發現，你所關心的是過去與未來，而不是現在。

年輕時，你憧憬未來；年老了，又回顧過去。你聽過小孩在聊天嗎？每個小孩都喜歡說：「等我長大以後！」因為對一個年輕的生命來說，未來是廣大的一片，往後還有幾十年，還有無數的可能在等著他，所以他們總是想著未來。

而年紀大的人就不同，當人有點年紀，就會開始回顧過往，你注意到老人家的談話嗎？他們總是在回憶過去，說當年曾經做了什麼「豐功偉業」，他們會一再的回想過去那些事情，這也就是為什麼年輕人會覺得老年人很煩，因為他們老是在講同樣的故事，他們總是活在過去，而年輕人活在未來，他們想的是以後……

年輕人習慣說「等到……的時候，我就會很快樂。」到了年老就變成說「過去……的時候，我很快樂」，然而無論是未來你將怎麼樣，或者過去你曾經怎麼樣，結果都是一樣——你錯失了最真實的現在。

真正的快樂是現在式，它不關心你的過去，也不關心你的未來，它一直都在現在，跟你的過去與未來無關。

為什麼你會將快樂期待在未來？因為你現在並不覺得快樂，對嗎？因此你開始期待以後，三年後、十年後，你快樂的種子還沒發芽，你就想著等到它長大的樣子，你開始想像它變成大樹，想像你在大樹下乘涼……

為什麼你會一再提到過去那些美好？因為你並不覺得現在是美好的，對嗎？因此你追憶起以前，三年前、十年前、三十年前，都已經是幾十年前的事了，你還一提再提，你的快樂都發霉了，這些快樂累積了多少灰塵，難道就沒有新鮮一點的嗎？

過去是記憶，未來是想像，真正的、真實的快樂是現在。

十七世紀法國科學家兼思想家巴斯葛，他在《沉思者》一文中的一段話：

我們向來不曾把握現在；不是沉緬於過去，就是殷盼著未來；不是拼命設法抓住已經如風的往事，就是覺得時光的腳步太慢，拼命設法使未來早點到臨。我們實在太傻；竟然留連於並不屬於我們的時光，而忽視唯一真正屬於我們的此刻……。

是的，過去曾經美好，可是那已經過去了，而未來則根本還未來臨；過去與未來並不存在，它們只是「曾經存在」或「可能存在」的狀態，唯一存在的是現在。為什麼不現在就快樂起來？

有句愛爾蘭的俗話說得好：「現在的一件好事，勝過以前的兩件好事，以及可能不會發生的三件好事。」昨天已經是一張作廢的支票，明天是一張不知道是否會兌現的支票，只有今天是現金，明白了嗎？這就是為什麼我們稱今天為禮物（Present）的原因。

一點都沒錯，享受今天剛釣到的一條魚，勝過昨天已經發臭的兩條魚，或者還不知道會不會上鉤的三條魚。

chapter 33

爲什麼不快樂？

你可以回想以前，然後陷入不快樂；

你可以想著以後，然後陷入不快樂。

可是在此時此刻，如果你在當下，你不可能是不快樂的。

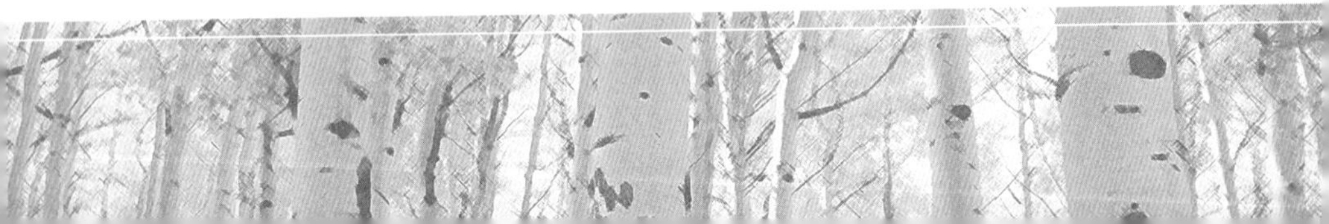

為什麼不快樂？

你現在很不快樂，那一定是你不在現在。

「你為何如此沮喪，究竟有什麼事讓你不快樂？」

「因為未來！」

「有什麼事使得你的未來看起來這麼沒有希望？」

「因為過去！」

每當你心情不好時，你便已脫離了當下，只要注意一下你心情惡劣的時候，你的心在那裡，你心要不是想著過去，就是跑到未來，否則你怎麼可能不快樂呢？

活在當下，沒有人會不快樂的。

你可以回想以前，然後陷入不快樂；你可以想著以後，然後陷入不快樂。可是在此時此刻，如果你在當下，你不可能是不快樂的。

你可以為過去懊悔，或是為未來憂心，但在當下這個片刻，你要懊悔憂愁那是不可能的。你可以為過去那些原不該做而做了、不該說而說的事而後悔，也可以為未來那些可能發生，也可能不會發生的事憂愁，但如果你活在當下，沒有過去、沒有未來，你怎麼可能不快樂呢？

昨天你跟同事吵了一架，早上到公司你仍忿忿不平，但那是昨天；你一想到那個人以前對你的所作所為，心裡就不舒服，但那是以前；然後，你開始想要是待會遇到他時，你該怎麼做？不理他？還是給他一點顏色？你繼續又想，若是他也還你顏色該怎麼辦？你要跟他拼嗎？還是……你甚至想到以後的事，等有一天，讓你當上主管時，你要怎麼修理他……總之，你從過去想到未來，卻沒有一件事跟「現在」有關；你會不快樂，那是一定的，因為你已經脫離了當下。你現在很不快樂，那一定是你不在現在。

去瞧瞧你的心，看看你花多少時間在過去，在記憶中挖掘痛苦，你憤恨不平，你憂鬱沮喪，這不都是過去的事嗎？

因為過去，接著你開始想像你的未來，你開始擔心，你牽腸掛肚。你沒有發現嗎？你的怒氣、恨意，不都是為了過去的事，為了那些過眼雲煙而生的嗎？而你的焦慮、煩惱不也是為未來，一些尚未到來的事而苦惱的嗎？

你的不快樂要不是來自過去，就是來自未來，但絕不會在此時此刻。不信你可以試試看，對過去漠然以對，對未來漠不關心，然後再痛苦看看，那是不可能的。你無法痛苦，你辦不到的，不管你費多大的力量都不可能。

當你放下未來，過去也自然會變得無關緊要，我們攜帶著過去是為了未來，如果沒有未來，你所累積的記憶又有什麼意義呢？那是不需要的。過去是為了延續未來，而未來則是過去的延伸，如果你無法放下過去，那未來只不過是你過去的沉腐再現，未來只是過去的重複而已，那也是沒意義。

所以，當下，把心放下吧！把昨天的一切煩惱拋開，不用擔心明天，明天自己會安排好它自己，因為你擁有今天。

chapter 34

每一個唯一的剎那

別讓自己徒留「為時已晚」的空遺恨。

往者不可及，來者猶可待，最珍貴、最需要珍惜的即是當下——每一個唯一的剎那。

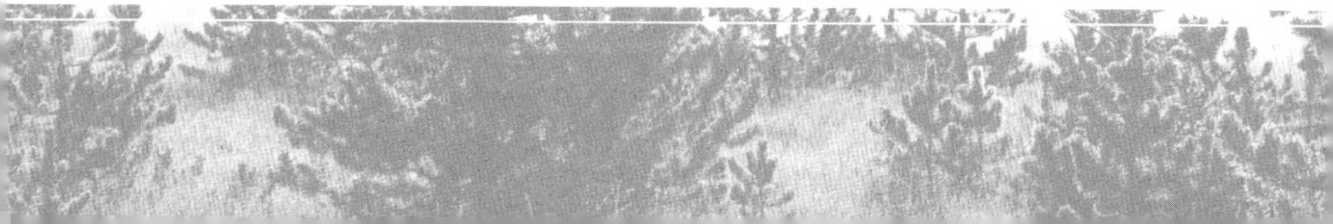

每一個唯一的剎那

當下即是永恆，它從不重來，即使重來，也不再是那個當下。

物質世界的一切，比方汽車、衣服、傢俱、項鍊、電腦、電視……所有的東西都可以輕易被複製。但是，你可以複製時間嗎？你能複製經驗嗎？在你每一個當下，你就只有一個機會，要不然就去經驗它，要不然就錯過它而沒有經驗到，你無法再回到那個當下，當然也無法複製。

每一個當下都是獨一無二的，它不是過去的延續，也不是一個接著一個線性的未來。時間，由無數個「當下」串在一起，每一瞬間、每一個當下都是永恆，「現在」的品嚐不是「曾經」所能取代。

所以當你吃的時候，要全然的吃，不管你在吃什麼；當你玩的時候，要全然的玩，不管你在玩什麼；當你愛的時候，要全然的去愛，不計較過去，不算計未來，全然的投入。

當你上班、上課，你就應該全然的投入那裡；當你回到家，當你脫下你上班、上課的衣服，脫下你的鞋子，你應該把那些壓力負擔一起脫下。在家裡，跟你的伴侶在一起，跟你的父母在一起，跟你的孩子在一起，跟你的朋友在一起，用太多的頭腦是不需要的，你應該用心，用心的活在當下。

如果你稱當下這個片刻為「現在」。那麼，當你稱它為「現在」的那個片刻，它就已經消失而進入過去，它已經不是現在，而那個你稱之為「未來」的片刻，當你稱它為「未來」時，它就已經變成現在，而朝向「變成過去」移動。

「人生啊！當下都是真，緣去即成幻。」因為「當下都是真」，所以眼前的每一刻，都要認真的活；每一件事，都要認真的做；每一個人，都要認真的對待。因為「緣去即成幻」，所以當事過境遷，就讓過去成為過去吧！

別讓自己徒留「為時已晚」的空遺恨。往者不可及，來者猶可待，最珍貴、最需要珍惜的即是當下——每一個唯一的剎那。

chapter 35

向內看

掌握時間做什麼呢？掌握時間才會有效率，
才能儘快到達你的目的地，才能早點達成你的目標和理想，
這也就是人們為何匆忙的原因——因為要趕時間。

向內看

當欲求停止，那個追求不在，時間也就不存在。

時間是人發明的，由太陽和手錶來界定。我們把三百六十五「天」定為一年，而這一「天」是怎麼來的？一天即是我們所居住的地球在自軸上整整轉一圈所需的「時間」。

雖然我們無法感覺到地球在動，但人們以太陽做為參考點，當地球位置面對太陽，轉離太陽，再從重新面對太陽，就是整整一天，你的一天就是這麼來的。

人們把一「天」分二十四「小時」，把每小時分成六十分鐘，而每一分鐘又包含更小的六十個單位，稱之為秒，我們的手錶即是以此為設計。

如果你不看手錶，你就不知道時間。為了要繼續知道時間，你就必須戴上手錶，這樣你才能掌握時間。

掌握時間做什麼呢？掌握時間才會有效率，才能儘快到達你的目的地，才能早點達成你的目標和理想，這也就是人們為何匆忙的原因——因為要趕時間。

你在學校所學的：現在是時間的一部份，那是錯的，現在不是時間的一部份。

不，時間只有兩部份，那就是過去和未來，這也就是為什麼一個時間取向的人，很難活在當下，因為他們很重視時間，他們只能活在過去和未來。

那麼，現在在哪裡？現在其實就在這裡，它在你的裡面，當你向內看的時候，你就會找到現在，而如果你一直向外看，向外追求，那你永遠都無法活在當下。

除非你能放下欲望，一個沒有欲望的人也就沒有時間的問題。當欲求停止，那個追求不在，時間也就不存在。那就像被拿掉指針的手錶，滴答聲還在繼續的響，但時間已經消失；生命還在繼續的流動，但那個緊張焦慮因時間消失，自然也會跟著消失。

時間來自欲望，因為欲望需要時間，時間是由欲望所創造出來的。如果你沒有時間，你怎麼能欲求什麼？你無法達成什麼，對嗎？欲望不可能存在現在，如果你現在已經達成了，你又何必欲求？

欲求的地平線一直都在未來，所以你必須趕、趕、趕，如果你沒有欲求，那你又何必趕時間呢？

你注意到這些年來，你的日子為什麼越過越快嗎？因為你的腳步越走越快，你的欲求創造出未來，未來又是過去未滿足欲望的投射，因而你不斷的追趕，那個過去的你追趕著未來的你，因而失去了現在的你，你的時間就是這樣變得越來越緊迫的。

如果人類消失在地球上，時間一定會立刻消失；如果人們的欲望能消失，那些焦慮緊張也必定會消失，整個地球的步調立刻會慢下來，太陽會緩緩升起，夕陽會緩緩落下，山泉的水滴會滴答滴答響，但整個世界沒有了指針，沒有了時間，沒有了欲望，也就沒有了過去和未來，真實的存在現在，這就是永恆——永恆是超越時間的。

【結語】

時間的秘密

時間雖然是由過去、現在、未來三個時態所排列組成，
但生命只存在現在。

【結語】時間的秘密

時間雖然是由過去、現在、未來三個時態所排列組成，但生命只存在現在。

因為我們以為時間是線性的，總認為過去在前而未來在後，所以會有這樣的誤解，其實一切事物都存在現在，根本沒有所謂的過去和未來。

你從窗戶看到一隻小鳥飛過，在你看到牠的前一刻，牠並不在你的視線範圍內，但是牠難道會因為你沒看見就不存在嗎？牠其實早就在那裡了，只是你還沒看到，所以對你來說，牠是在未來；然後當牠經過你的眼前，之後又消失不見，你認為牠真的就不見了嗎？牠仍舊還在，只是對你來說，牠現在已經成了過去。你所謂的過去和未來，其實都在現在，不是嗎？

再舉個例子，你坐在一個房子往外看，你看到有個行人經過，你說現在你看到某個人。在那個人出現之前，他是未來，雖然他早已在那裡，但對你來說，他還未到來，所以他是未來，然後等他經過房子之後，他從你的視線消失，你會說，他過去了。你無法看到他時，他就成了過去。

然而，他真的是過去嗎？不，他一直都在現在，不相信你現在可以馬上爬到你家的屋頂往下看，你看到了沒？他還在那裡，他還是你現在的一部份，他還沒消失成為過去，你之所以認為他已成了過去，那是因為當時你的視野太低，如果你能爬上高樓眺望，那你就能看到整體。就連他還沒來到你的房子之前（那個未來），你也可以看到，對嗎？

正因為過去、現在和未來是同時存在，所以有些先知、大師或有特異功能的人，他們可以看到你的過去，或者可以預測你的未來。就像一個坐在直昇機上的人，可以清楚的看到路上的一切，道理就在這裡。

一切曾經發生過，現在正要發生，或是將要發生的事，其實都在當下。

對宇宙來講是沒有時間的，因為宇宙無法從一個點移到另一個點，兩個點都在它裡面，它包含了全部——過去、現在和未來。過去和未來並不是時間，而是人事物的轉換，是在一個我們稱之為「空間」的靜止場（field）移動的現象，時間只是計算空間運動的一種方式，它並不存在。

你有沒有在晚上坐飛機的經驗？當飛機在跑道上滑行準備起飛時，你會看到跑道上的燈一盞接著一盞急速從你身邊掠過，看起來時間似乎是連續的，然而一旦飛機飛上空中以後，你往下看，跑道的燈根本就沒有動，只是它們排列存在的形態讓你誤以為好像時間在移動。

「線性時間」（linear time）似乎總是在向前移，但如果你能突破三度空間的觀點，你便能往下看，縱覽全貌，瞭解到時間根本就是不移動的。動的是我們，而不是時間。我們就像一個沿著河岸行走的旅者，我們經過了許多橋，我們把已經走過的橋稱為「過去」，把前方我們還看不到的橋稱為「未來」。過去是那個已經不在你面前的，未來是那個尚未到你面前的；很快的，它也將成為過去……時間其實是不動的，而是我們一直在動，是我們一直在動而創造出了時間。

赫曼・赫塞在《流浪者之歌》（Siddhartha，或譯為《悉達多求道記》）的故事中，赫塞也多次說到時間並不存在的主題：

在故事的結尾悉達多問他的老友維蘇德瓦（Vasudeva）：「你是不是也從河流瞭解時間並不存在的秘密？」

維蘇德瓦臉上洋溢著笑容說：「是的，正如你說的，河流是同時存在每一處的，在源頭和河口、在瀑布、在碼頭、在漩渦中、在大海裡，也在高山上，一條河可以同時存在各個不同的地方。對河流來說，只有現在，沒有過去的影子，也沒有未來的影子。」

「你說得沒錯！」悉達多說：「當我領這層道理時，我回顧我的一生，它真的就像一條河。孩提時期的悉達多，長大成人的悉達多，和現在的老悉達多，相隔的只是影子罷了，並沒有什麼真實的區別。就算悉達多的前世也不是過去的事，而悉達多的死亡也不是未來的事。每一件事本來就存在，每一件事都存在當下。」

悉達多開懷的說著，而維蘇德瓦只是陪在一旁點著頭，對他報以春風般的笑容。

了悟時間秘密的同時，你也了悟生命的本質。是的，生命的形式不斷在改變，昨天你是這樣，明天也可能變成那樣。你以前是個小孩，現在那個小孩呢？那小孩不見了嗎？你能夠說那個小孩已經消失嗎？如果那小孩沒有消失，那他又在那裡呢？形式改變了，以往的那個小孩，本質上還是存在的，只是他現在變成了少年或少女。

當你長得更大，你將攜帶著更多的過去，你身上將攜帶著以前已經經驗過的每一個階段。在孩提階段，在少年階段，在成年階段……不論你過去曾經是什麼，曾經做些什麼，它們都屬於現在的一部份，你整個過去都在你的裡面。你的少年在你的內在，你的童年在你的內在，所有你過去做的事情都在你的內在。

所以，你可以發現許多人在發怒或喝酒醉，會突然變得像小孩一樣，平時講理、有禮貌的那個人，怎麼一下變成一個行為退化，無理取鬧的小孩，因為童年時期的那個小孩現在還活在裡面，只是被壓抑或隱藏住罷了。

回想起以前你人生經歷的總總，那些已成過眼雲煙的往事，它們真的都已經過去了嗎？你曾經經驗過的青春與風華、美麗與哀愁或許遠離，但它們已經蛻變了你，在你的內在燃起了火花，成為你的光亮，成為你生命的一部份。

有一天，你將變老，當你變老時，你的青春又去了哪裡呢？不見了嗎？有許多老人仍然洋溢著青春，他們甚至回到孩子般的天真，是的，它一直都跟著你在流動，就像一條源源不絕的河流。

在源頭部份的河，經過高山低谷那部份的河，在鄉村城市的河，以及流入大海那個部份的河，它們都是同一條河。它們是同時存在的，起點與終點並不是兩樣分開的東西，它們是同一個流，它們並不是過去和未來，它們是永恆的現在。

從河的一端到另一端的空間必須以時間來涵蓋，渡河需要時間，也許十分鐘，也許需要十天，也許需要十年，所以時間也就成了「到達」的界定，你必須到達某地、到達某個理想，因而創造出了時間。

整個時間的過程只是一個延伸很長的現在，整個空間只是擴展開來的這裡。你離別的朋友，過逝的親人現在仍跟你在一起，他們一直都在這裡——在同一條河流裡。只是不同階段，不同形式，流向不同地方。

所有的來生及前生，都同時存在此生。反過來說，你的前生也會影響來生，重點就看你的今生。許多人常宿命的說：「因為上輩子做了壞事，所以這輩子遭到懲罰。」這種說法並不正確，因為過去、現在和未來都同時存在，因果就不是單向而是雙向的。說得更清楚一點，過去和未來都是你現在所作所為的結果。現在，我們不只可以改變過去和未來，甚至可以改變整個因果循環。

所謂的「業力」只是讓你反觀自己的一面鏡子，讓你能反觀自己的過去，並透過瞭解過去而改變現在，進而改變你的未來。如果你相信因果業報，你要關心的不是以前你做了什麼，或以後你會遇到什麼，你要關心的是現在，現在該做什麼，這個當下才是最重要的。

就現在，只要你改變自己，你也立刻改變了你的過去和未來。這跟時間無關，這只跟你的意願有關。我們的命運是自己創造的，我們並不受因果業障的擺佈；相反的因果業障也是由我們自己創造出來的。我們並不是受害者，而是創造者。

很多人的命運之所以悲慘，就是因為他不相信過去是可以改變的，他人雖活在現在，卻負擔著過去的事情；也就是說，他把過去的環境帶到現在，並由於這個錯誤，繼續創造一個悲慘的未來。

我們的過去和未來，都會隨著當下的心境轉換。當下你是什麼樣的心境就會吸引同樣心境的過去，並把這種心境投射到未來。到目前為止，你人生所有的經歷就是這麼來的。

現在包含了整體，現在包含了所有過去與未來。這就是為什麼我一再提到：不要想過去，也不要想未來，只要活在當下。

過去並不決定我們的現在，未來也並非注定的——只有現在才能決定我們的現在，以及我們的過去和我們的未來。

天使之所以能夠飛翔，
是因為祂有輕盈的人生態度，
我們也應該這樣——當下，把心放下。

請沿虛線剪下裝訂寄回，謝謝！

【生活勵志系列】讀者回函卡

爲提升服務品質，煩請您塡寫下列資料：

1.您購買的書名：當下，把心放下

2.您的姓名：＿＿＿＿ 您的年齡：＿＿ 歲 您的性別：☐男 ☐女

3.您的E-mail：＿＿＿＿

4.您的地址：＿＿＿＿

5.您的學歷：
☐國中及以下 ☐高中 ☐專科學院 ☐大學 ☐研究所及以上

6.您的職業：
☐製造業 ☐銷售業 ☐金融業 ☐資訊業 ☐學生 ☐大衆傳播
☐自由業 ☐服務業 ☐軍警 ☐公務員 ☐教職 ☐其他

7.您從何得知本書消息：
☐書店 ☐報紙廣告 ☐雜誌廣告 ☐廣告DM ☐廣播
☐電視 ☐親友、老師推薦 ☐其他

8.您對本書的評價：（請塡代號1.非常滿意2.滿意3.偏低4.再改進）
書名＿＿ 封面設計＿＿ 版面編排＿＿ 內容＿＿ 文／譯筆＿＿
價格＿＿

9.讀完本書後您覺得：
☐很有收穫 ☐有收穫 ☐收穫不多 ☐沒收穫

10.您會推薦本書給朋友嗎？
☐會 ☐不會，為什麼＿＿＿＿

11.你對編者的建議？

＿＿＿＿

請沿虛線剪下裝訂寄回，謝謝！

廣告回郵
北區郵政管理局登記證
北台字12548號
免貼郵票

高寶國際有限公司

地址：台北市114內湖區新明路174巷15號10樓
電話：（02）2791-1197
網址：www.sitak.com.tw

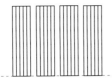

書名：當下，把心放下

高寶國際集團 品質保證

GLOBAL GROUP HOLDINGS, LTD.